MEMOIRE
INSTRUCTIF,

ouchant la competence des trois
Eſtats de la Souveraineté de
Neuf-Chaſtel, pour la deciſion
des differens qui regardent la
ſucceſſion de cette Souveraineté.

OV

on voit auſſi tout ce qui s'eſt paſſé
ſur ce ſujet entre Madame la
Ducheſſe de Longueville Curatrice de Monſieur ſon fils, &
Madame la Ducheſſe de Ne-
mours.

MEMOIRE INSTRVCTIF

touchant la competence des trois Eſtats de la Souveraineté de Neuf-Chaſtel, pour la déciſion des differens qui regardent la ſucceſſion de cette Souveraineté : Où l'on voit auſſi tout ce qui s'eſt paſsé ſur ce ſujet entre Madame la Ducheſſe de Longueville Curatrice de Monſieur ſon fils, & Madame la Ducheſſe de Nemours.

LE Roy ayant permis à Madame la Ducheſſe de Nemours d'aller pourſuivre en Suiſſe par les voyes de la Juſtice les pretentions qu'elle avoit contre Monſieur le Duc de Longueville ſon frere, qui n'eſtoient & ne pouvoient être que l'incompetence pretenduë dés trois Eſtats du Comté de Neuf-Chaſtel, qu'elle a ſoûtenu devoir eſtre jugée par Meſſieurs du Canton de Berne, & ces differens ayant eſté aigris par des voyes de fait qui pouvoient avoir de grandes ſuites, Sa Majeſté, ſur la tres-humble ſuplication qui luy en a eſté faite par Madame de Longueville, a eu la bonté d'en vouloir prendre connoiſſance.

Madame la Ducheſſe de Longueville inſtituée Curatrice de Monſieur le Duc de Longuevil'e ſon fils, par avis de Meſſieurs ſes parens paternels & maternels, confirmé par Arreſts du Conſeil, donnez le Roy preſent, & par Lettres Patentes verifiées au Parlement, n'a beſoin que de faire voir à Sa Majeſté que les trois Eſtats ſont ſeuls Juges competens de pareils differens ; qu'on n'en a jamais reconnu d'autres en de ſemblables conteſtations, & même qu'on ne le pourroit, à moins que de vouloir détruire la Souveraineté de Neuf-Chaſtel, & aller contre ce qui

A ii

s'est toûjours pratiqué dans toutes les Souverainetez. Elle ne laissera pas neanmoins de faire encore connoistre à Sa Majesté que dans le fond, jamais procés n'a esté entrepris avec moins de fondement que celuy que Madame de Nemours a fait à Monsieur son frere, & qu'il n'y a rien de plus juste que le Jugement rendu par les trois Estats de Neuf-Chastel. Elle veut croire aussi que Madame de Nemours y auroit aquiescé, & que même elle ne seroit point entrée dans cette contestation sans les mauvais conseils & les grandes esperances qui luy ont esté données par des personnes qui ne songeoient qu'à leurs propres interests, & à s'ouvrir des voyes de rentrer dans une place dont ils avoient esté exclus par leur mauvaise conduite.

Avant que d'entrer dans la discussion du fait, il est necessaire de supposer deux veritez constantes, dont l'une est que la Souveraineté de Neuf-Chastel est indivisible, & que les filles n'y ont jamais rien eû qu'au défaut des mâles; l'autre que les Tutrices nommées en France y ont toûjours esté reconnuës, & que dans ce Comté, à l'égard même des particuliers, les Tutelles n'y ont jamais esté données aux femmes si elles n'estoient meres, où grand'meres.

La premiere verité se justifie par toute la succession des Comtes de Neuf-Chastel, depuis la fin du treisiéme siecle, ce qui est plus que suffisant pour establir la possession de ce droit. Le plus ancien exemple que les titres fournissent depuis ce temps-là, est celuy de Rodolphe, qui laissa quatre enfans mâles, Amedée, Henry, Jean & Richard, & deux filles nommées Agnelet & Marguerite. Ces freres & sœurs ayant eu differend ensemble, se soumirent au jugement de Thierry Cosseigneur de Mombelliard leur grand pere, lequel au mois d'Aoust 1278 donna quelque portion du domaine à Henry, à condition de la tenir en foy & hommage d'Amedée son aisné, & pour les filles elles eurent certaines terres jusqu'à la valeur de mil livres.

Jean & Richard eurent aussi leurs parts & portions en domaines à de pareilles conditions, Amedée les augmenta en May 1285.

Amedée eût pour succeſſeur au Comté de Neuf-Chaſtel Rodolphe ſon fils·

Jean Prevoſt de l'Egliſe de Neuf-Chaſtel oncle de Rodolphe fut ſon Tuteur & Curateur. En cette qualité il fit
un acte en 1292. pour l'avantage de ſon neveu, dans lequel
il le qualifie Seigneur de Neuf-Chaſtel : & en 1294. il l'au-
toriſa pour s'acorder avec Jean d'Arberg Seigneur de Vallengin & ſes freres, avec lesquels Rodolphe Comte, Jean
& Richard ſes oncles ayant eu de grands differens, ils
s'accorderent au mois de Juillet 1303. & dans cét acte où
les deux oncles ont ſigné, Rodolphe prend la qualité de
Comte & Seigneur de Neuf-Chaſtel, & Jean d'Arberg
Seigneur de Vallengin ſe reconnoiſt ſon vaſſal, à cauſe du
Comté de Neuf-Chaſtel, & luy fait la foy & hommage de
la Seigneurie de Vallengin.

Ce Rodolphe fit ſon Teſtament en 1337. & inſtituant
ſon heritier univerſel Loüis fils, donna ſeulement quelques terres à Marguerite ſa fille, que Loüis pourroit retirer en luy payant cinq mil liures.

Loüis avoit fait la même choſe par un Teſtament en
1354. mais ſes enfans mâles eſtans morts, & ne luy reſtant
que deux filles, Iſabelle & Varenne, il fit un autre Teſtament en 1373. par lequel il les inſtitua *ſes heritiers ſelon les
ys & Couſtumes de Neuf-Chaſtel, ſelon leſquelles Varenne
pour les choſes de ſon partage devoit entrer en la foy & hommage à Iſabelle ſa ſœur, ou de ſes hoirs leaux procréez de ſon
corps Seigneurs de Neuf-Chaſtel.* Ces deux ſœurs firent leur
partage incontinent aprés le decez du pere, & Varenne eût
la Chaſtelenie de Landeron, dont elle fit la foy & hommage à Iſabelle ſa ſœur aiſnée. Ainſi Iſabelle demeura ſeule
Comteſſe, Jean d'Arberg luy fit auſſi en cette qualité la
foy & hommage de ſa Seigneurie de Vallengin, & le Canton de Soleure la receut à Bourgeoiſie à la place de Loüis
ſon pere, & renouvella l'alliance avec elle.

Varenne mariée à Egon Comte de Fribourg, voulant
confirmer les franchiſes des Bourgeois de Landeron le 17.
Juin 1373. elle en demanda le conſentement à Iſabelle,
comme Dame du fief.

A üj

Les deux sœurs ayant ensuite eu differend avec la Dame de Vergy, elles compromirent, estant autorisées de leurs maris, & prirent pour arbitre Philipes Duc de Bourgogne, & dans la Sentence Arbitrale qu'il rendit, Isabelle est seule qualifiée Comtesse de Neuf-Chastel.

Isabelle n'ayant point d'enfans fit son Testament en Novembre 1394. par lequel elle institua son heritier Conrad Comte de Fribourg fils d'Egon & de Varenne sa sœur, à l'exclusion d'Anne de Fribourg fille aussi d'Egon & sœur de Conrard.

En 1450. Jean Comte de Fribourg & de Neuf-Chastel se trouvant sans enfans, institua son heritier Rodolphe Marquis d'Hochberg, & d'Anne de Fribourg sœur de ce Conrad Comte de Fribourg, qu'Isabelle Comtesse de Neuf-Chastel avoit fait son heritier, comme il vient d'estre dit,

Ce même Rodolphe Marquis d'Hochberg Comte de Neuf-Chastel institua Philipes son fils son heritier universel, & dota seulement en argent Catherine sa fille.

On voit dans tous ces exemples que par une coustume constante & inviolablement observée dans les successions du Comté de Neuf-Chastel, les filles n'y ont rien eu quand il y a eu des mâles; qu'entre les mâles la Souveraineté a toûjours esté indivisible, & n'a appartenu qu'à l'aisné; que cela même s'est observé quand il n'y a eu que des filles, l'aisnée seule ayant esté Comtesse de Neuf-Chastel.

Et l'on voit la même coustume constamment observée depuis que cette Souveraineté est tombée dans la Maison de Longueville, par le mariage de Jeanne d'Hochberg fille unique de ce Philipes d'Hochberg, dont il vient d'estre parlé, qui épousa en 1504. Loüis d'Orleans premier Duc de Longueville.

Jeanne d'Hochberg mourut en 1543. & laissa plusieurs enfans, François d'Orleans Duc de Longueville fils de son aisné, François d'Orleans Marquis de Rothelin son propre fils, & Charlotte d'Orleans aussi sa fille mariée au Duc de Nemours: & par le partage qui se fit de ses biens, il est

porté qu'il ne fut fait que deux lots, & que le Comté de Neuf-Chastel apartenoit au fils de l'aisné, & n'estoit point

compris au partage , parce qu'il estoit indivisible & pour
la fille qui avoit eu dix mil liures , elle n'eut point de part
à la succession.

Ce François de Longueville & Comte de Neuf-Chastel
estant decedé sans enfans en l'année 1551 Marie de Lorrai-
ne Reine d'Ecosse sa mere, Jacqueline de Rohan Marquise
de Rothelin mere & Tutrice de Leonor d'Orleans son fils,
& Jacques de Savoye Duc de Nemours fils de Charlotte
d'Orleans, demanderent aux trois Estats l'investiture du
Comté, la Reine d'Ecosse & Jacqueline de Rohan pour
le tout, & Jacques de Savoye pour la moitié. Françoise
d'Orleans sœur de Leonor mariée à Loüis Prince de Condé, quoy qu'également proche de François d'Orleans ,
n'intervint point en ce procez, sçachant bien que les filles
n'avoient rien à pretendre au Comté.

Les Procureurs des parties ayant esté entendus, leurs raisons & titres examinez, les trois Estats en l'année 1552. de-
bouterent la Reine d'Ecosse de ses pretentions, & Jacqueline de Rohan & Jacques de Savoye s'estant acordez
entr'eux par une maniere de provision , ils leur donnerent
l'investiture pour moitié, sans prejudice de la totalité pretenduë par Jacqueline de Rohan, à la charge qu'ils s'a-
corderoient entr'eux pour donner un seul Souverain au
pais, suivant les anciens Testamens des Comtes de Neuf-
Chastel, & comme il avoit esté fait de tout temps.

Les trois Estats voyans le consentement des parties , se
contenterent ainsi de pourvoir à ce qui regardoit l'indi-
visibilité du Comté, & comme elle est un point capital,
Messieurs des Audiences generales s'estans assemblez l'année suivante , & ne se contentans pas de la reserve de l'in-
divisibilité portée par le Jugement de 1552. ils en demanderent en 1553. l'execution aux Procureurs des deux
Princes, qui promirent d'y travailler.

Leonor d'Orleans posseda tout le Comté jusques en
l'années 1573. qu'il mourut , & laissa six enfans, sçavoir
Henry son aisné Duc de Longueville , François Comte
de saint Paul , Catherine , Marguerite , Antoinette &
Eleonor ses filles, l'aisné estant mort en 1595. & ayant

laissé, de Catherine de Gonzague Henry II. Duc de Longueville, Marie de Bourbon sa grand'mere gouverna le Comté jusques à son decés arrivé en 1601. aprés lequel François Comte de saint Paul en demanda la mise en possession & l'investiture pour la moitié ; & Catherine, Marguerite & Antoinette pour les parts & portions qui leur en pouvoient appartenir ; Catherine de Gonzague mere de Henry la demanda pour le tout, surquoy les trois Estats le 6. Janvier 1602. donnerent jour à toutes les parties au 17. Octobre suivant. Mais le Comté de Neuf-Chastel demeura tout entier à Henry Duc de Longueville, qui deceda en 1663. n'ayant laissé que deux enfans mineurs de son second mariage avec Madame Anne Geneviéve de Bourbon.

Leur minorité a empesché les partages de la succession, à laquelle Madame la Duchesse de Nemours n'a jamais rien pretendu, y ayant renoncé par son Contract de Mariage, moyennant la dot qu'elle avoit euë ; & quoy qu'il n'y ayt point eu de partage, il est certain que l'aisné seul a esté reconnu pour Souverain ; en sorte que depuis prés de quatre cens ans, il paroist que la Souveraineté n'a jamais esté partagée, & qu'elle a toûjours appartenu à l'aisné, sans qu'il se voye un seul exemple au contraire.

La seconde verité qu'il faut presuposer est que toutes les fois qu'il y a eu des minoritez dans la Maison de Longueville depuis qu'elle possede ce Comté, les Tuteurs & Tutrices éleus en France y ont esté reconnus sans contredit & sans difficulté quelconque, & sans qu'on y ait même apporté aucunes formalitez ; & qu'à l'égard non seulement des Princes mais mêmes des particuliers, la coustume & l'usage du Comté de Neuf-Chastel n'admet de femmes aux Tutelles & Curatelles que les meres & grand'meres. Il est aisé de prouver les deux parties de cette seconde verité

La premiere est fondée sur la nature de ces sortes de fonctions, qui donnant aux Tuteurs une autorité legitime sur les personnes des mineurs, la leur donnent par une consequence necessaire sur les biens qui leur appartiennent ;

tiennent, c'eſt aux parens à nommer les Tuteurs , & aux
J.ges du domicile à les eſtablir, & l'on y a nul égard à la
ſituation des biens des mineurs , autrement il faudroit
créer autant de Tuteurs qu'il y auroit de terres & de domaines ſituez en divers lieux. Le droit Romain en a fait
une diſpoſition expreſſe,& c'eſt ce qui ſe trouve confirmé
dans la couſtume de Neuf-Chaſtel , par tous les exemples
de ce qui s'y eſt paſſé à cét égard depuis qu'elle eſt dans la
Maiſon de Longueville.

Ainſi la Tutelle faite en France de François d'Orleans
quatriéme Duc de Longueville fut reconnuë & eut ſon
effet à Neuf-Chaſtel , non ſeulement en la perſonne de
Marie de Loraine ſa mere , mais auſſi depuis qu'elle fut
remariée à Jacques cinquiéme Roy d'Ecoſſe , en celle de
Claude Duc de Guiſe ſon ayeul maternel, qui fut preferé
à François d'Orleans Marquis de Rothelin ſon oncle paternel ; & pendant cette Tutelle qui ne finit qu'en 1551.
par la mort du pupille , il renouvella la Combourgeoiſie
avec le Canton de Berne, & fit pluſieurs autres choſes im-
portantes.

Ainſi Jacqueline de Rohan ayant eſté eſtablie Tutrice
de Leonor d'Orleans ſon fils, elle demanda pour luy en
1551. l'inveſtiture du Comté de Neuf-Chaſtel , & en eut
la Regence juſques à ſa majorité , & même lorsqu'il fut
fait priſonnier à la bataille de ſaint Quentin , elle la reprit
juſques qu'à ce qu'il fut délivré.

Ainſi Marie de Bourbon creée Tutrice & Curatrice
des enfans de Leonor d'Orleans & d'elle par Lettres Patentes des Rois Charles IX. & Henry III. dés 28. Decembre 1573. & 10. Decembre 1577. fut Regente du
Comté de Neuf-Chaſtel , & pourſuivit à la Chambre
Imperiale de Spire le procés qu'elle avoit pour le Mar-
quiſat de Rothelin , contre l'Archiduc d'Autriche , & le
Marquis de Baden ; & ces Lettres Patentes luy donnoient
pouvoir en qualité de Tutrice & de Curatrice , de pourſuivre les procez de ſes enfans, tant au dedans qu'au dehors du Royaume , & en quelque païs que ce fuſt.

Ainſi Catherine de Gonzague ayant eſté éleuë Tutrice

de Henry second Duc de Longueville son fils, & preferée au Comte de saint Paul son oncle paternel, fut Regente du Comté de Neuf-Chastel apres la mort de Marie de Bourbon sa belle mere.

Ainsi enfin Madame la Duchesse de Longueville, aprés la mort de feu Monsieur le Duc de Longueville, ayant esté eleuë Tutrice de Messieurs ses enfans. a regy sans contredit quelconque le Comté de Neuf-Chastel, jusques en l'année 1668, que Monsieur le Duc de Longueville son fils aiiné, en fit donation à feu Monsieur son frere, lequel quoy que capable d'agir luy méme, voulut bien par ses Lettres Patentes du 24. May 1668. donner à Madame sa mere toute authorité & pouvoir d'agir dans ses Estats.

L'infirmité survenuë à Monsieur le Duc de Longueville ayant obligé Messieurs ses parens de pourveoir à la conduite de sa personne, & à l'administration de ses biens, ils ont nommé Madame de Longueville sa mere pour la Curatrice, ce que le Roy a confirmé par des Arrests rendus en sa presence, & par des Lettres Patentes verifiées en son Parlement. Les trois Estats du Comté de Neuf-Chastel l'ont ensuite reconnuë en qualité de Curatrice, & personne ne luy a contestée.

La verité de cette maxime que la Tutelle donnée dans le lieu du domicile des mineurs s'estend par tout, a esté cause que jamais au Conseil d'Estat de Neuf-Chastel on n'a eu besoin d'enteriner les actes de Tutelle de leurs Souverains.

Le second article qui est qu'à la reserve des meres & grand'meres, nulle femme n'est admise à Tutelle ny Curatelle dans le Comté de Neuf-Chastel, est constant dans le païs. L'attestation du conseil de la Ville, porte que *la Coustume usitée en la Souveraineté de Neuf-Chastel de pere à fils, & de tout temps immemorial jusques à present est que les Tutelles & Curatelles sont des Offices virils qu'on n'a jamais veu donner aux femmes, si elles n'estoient meres ou grand'meres:* Et la coûtume de la Souveraineté de Neuf-Chastel est conforme en ce point au droit écrit; quoy que ce ne soit pas par là que le Comté se regisse, comme le conseil de Ville l'a expressément declaré. Il a ses coûtumes particulieres, les unes écrites & les autres non écrites, fondées sur l'usage immemorial, que les Comtes leur confirment, & dont ils leur promettent l'execution. Les unes & les autres aprochent en plusieurs choses de celles de la Franche-Comté & des Suisses, qui ne se servent point aussi du droit écrit, comme chaque Canton a les siennes particulieres qui luy servent de loix.

Et si l'on vouloit reprendre les exemples des minoritez des Princes, avant que le Comté eut passé dans la Maison de Longueville, on trouveroit que jamais on n'a donné la Tutelle des Princes à d'autres femmes qu'aux meres, lors qu'elles ne se sont point remariées, car par exemple.

Sibille de Monfaucon l'estoit en 1272.

Loüis Comte de Neuf-Chastel par son Testament de 1354. ordonna que si sa femme se remarioit où qu'elle decedast, le Seigneur de Granson seroit Tuteur de ses enfans du second lit, qu'il prefera à Jean son fils aisné d'un premier mariage. Il supposoit par cette disposition que sa femme seroit Tutrice au cas qu'elle ne se remariast point, mais il ne le marquoit pas formellement, presuposant que la Tutelle luy appartenoit par le droit & la coustume.

Rodolphe Marquis d'Hochberg Comte de Neuf-Chastel, ordonna par son Testament du 6. Juin 1465. que Marguerite de Vienne sa femme auroit l'administration & le gouvernement de Philipes son fils, pendant qu'elle seroit veuve.

Ces veritez constantes estans supposées, il ne reste plus qu'à entrer dans la deduction du fait.

On sçait que feu Monsieur le Duc de Longueville pere decedé en l'année 1663. a esté marié deux fois, la premiere avec Madame Loüise de Bourbon, dont il a eu Madame la Duchesse de Nemours; & l'autre avec Madame Anne Geneviéve de Bourbon, dont il a laissé deux

Declarations des points de coustumes 8. & 21. Octobre 1673.

C'est une coustume usitée en la Souveraineté de Neuf-Chastel de pere & fils. & de tout temps immemorial jusques à present, qu'en jugeant on ne suit pas le droit Romain mais la coustume particuliere & ancienne qui a esté pratiquée & usitée, laquelle les Magistrats & Juges sont obligez de suivre.

enfans mâles , Monfieur le Duc de Longueville & feu Monfieur fon frere.

Monfieur de Longueville pere maria Madame fa fille en l'année 1657. à Monfieur le Duc de Nemours, & luy donna de fon bien en faveur de mariage, la fomme de cinq cens mil livres, moyennant laquelle elle renonça à la fucceffion future de Monfieur fon pere en faveur de Meffieurs fes freres , & de leurs defcendans mâles, & même à la fucceffion de Meffieurs fes freres au profit du furvivant d'eux & des defcendans mâles, à la referve des meubles, acquefts & maifons de Paris : & outre cela Monfieur de Longueville quelques jours avant fon deceds, luy fit une donation de la fomme de quatre-vingt-dix mil livres , que Madame de Longueville luy a fait payer enfuite d'un avis de parens.

Monfieur de Longueville par fon Teftament du 9. May 1663. inftitua Madame fa femme Tutrice de leurs enfans, & fon deceds eftant arrivé deux jours aprés , Meffieurs les parens paternels & maternels l'élurent Tutrice ; & en confequence fuivant l'ufage perpetuel du Comté de Neuf-Chaftel , elle y a efté reconnuë Regente, fans que perfonne fe foit avifé de revoquer en doute que la Tutelle faite en France ne dût avoir lieu dans l'eftenduë du Comté de Neuf-Chaftel.

Madame de Nemours qui n'eftoit pas moins en ce temps-là qu'aujourd'huy, & fœur & plus proche parente du cofté paternel , n'a point pretendu cette Tutelle & cette Regence. Elle ne s'y eft point oppofée lors que Madame la Ducheffe de Longueville l'a euë, & qu'elle en a fait à fon veu & à fon fceu toutes les fonctions. Elle n'a point ignoré la juftice exemplaire que Madame de Longueville a faite en cette qualité aux foibles opprimez , & le jugement folemnel qu'elle a rendu contre les Molondins par l'avis de huit des plus fages & des plus habiles Juges du Royaume.

Avant que l'on ait pû faire les partages de la fucceffion entre les deux freres à caufe de leur minorité , Monfieur le Duc de Longueville à qui , comme aifné, cette Souveraineté appartenoit suivant ce qui a esté rapporté de l'usage & des loix du païs , & qui estoit majeur à Neuf-Chastel quoy que mineur en France , voulut *pour le bien de ses subjets de la Souveraineté de Neuf-Chastel* , la donner à Monsieur le Comte de saint Paul son frere , avec ses appartenances , dépendances & annexes. Ils se transporterent l'un & l'autre sur le lieu pour rendre la chose plus seure & plus authentique ; & Monsieur le Duc de Longueville avant que de faire sa donation , y exerça seul tous les droits de Souverain en presence de Monsieur le Comte de saint Paul son frere ; il y donna des dispences de mariage , des lettres de legitimation & de rapel de ban , & fit assembler son Conseil le 21. Mars 1668. où il les fit enteriner.

Le même jour aprés midy, il donna à Monsieur son frere ses Estats Souverains de Neuf-Chastel, à condition que s'il venoit à mourir le premier & sans enfans , les choses données luy retourneroient de plein droit. Cét acte fut accepté par Monsieur le Comte de saint Paul , & passé en presence de tous ceux qui composoient le Conseil d'Estat de Neuf-Chastel , que Monsieur de Longueville y fit signer comme témoins , & entre lesquels estoit Molondin en qualité de Lieutenant du Gouverneur , & premier Conseiller d'Estat.

Donation de Monsieur de Longueville à Monsieur le Comte de saint Paul.

En consequence de cette donation Monsieur de Longueville deux jours aprés fit assembler les trois Estats , & son Chancellier leur en ayant expliqué les raisons & les motifs , il leur commanda de sa part de reconnoistre Monsieur le Comte de saint Paul pour leur Souverain , & de luy obeïr à l'avenir ; & ensuite on fit lecture de la donation , où Monsieur de Longueville prend la qualité de Souverain de Neuf-Chastel. Molondin au nom de Messieurs des trois Estats luy dit , qu'ils executeroient ses volontez avec respect & soumission , & protesta à Monsieur le Comte de saint Paul , qu'ils auroient pour luy l'obeïssance , la soumission , & la fidelité qu'ils devoient à leur Souverain.

Molondin porte la parole pour les trois Estats.

Ensuite Monsieur de Longueville remit le Sceptre entre

les mains de Monſieur ſon frere, & dit à toute l'Aſſemblée qu'il ne ſe reſervoit d'autorité ſur eux que pour leur commander de luy obeïr, & de luy eſtre fideles, & que c'étoit la derniere marque d'obeïſſance qu'il deſiroit de ſes ſujets.

A trois ans de là Monſieur le Duc de Longueville eſtant devenu majeur, fit une autre donation à Monſieur ſon frere, où ne ſe reſervant qu'une penſion de ſoixante & dix mil livres il luy abandonna tous ſes autres biens.

Aprés le paſſage du Rhin ſi funeſte à cette Maiſon, Madame de Longuéville ſe trouvant depoſitaire d'un Teſtament de Monſieur ſon fils, & deſirant garder avec Madame la Ducheſſe de Nemours, toutes les meſures de bienſeance & d'honneſteté, elle ne voulut pas faire ouvrir ce Teſtament ſans luy en donner avis. Elle luy envoya Meſſieurs le Nain & du Vaurouy, pour la prier de ſe trouver à l'ouverture, ce qu'elle ne jugea pas à propos de faire.

La premiere veuë de Madame de Nemours ne fut pas vray-ſemblablement de ſe pretendre Souveraine de Neuf-Chaſtel. Elle y voyoit trop peu de pretexte pour ſe porter d'abord juſque-là, & elle ſe feroit contentée d'avoir à cét égard la Curatelle de Monſieur ſon frere, comme elle la fit propoſer quelque-temps aprés à Madame de Longueville, en adjouſtant qu'elle ne la pretendoit pas de droit, & qu'elle n'avoit d'autre deſſein que de la ſoulager, & de s'y conduire par ſes ordres.

Cette propoſition n'ayant pû eſtre acceptée par Madame de Longueville, le Conſeil de Madame de Nemours ou plûtoſt Molondin qu'elle avoit mandé en grande diligence, luy perſuada que par le Teſtament de Monſieur de Longueville, & par l'eſtat de Monſieur ſon frere vivant, la Souveraineté de Neuf-Chaſtel luy eſtoit devoluë, & Molondin en particulier la remplit de grandes eſperances, qu'il feroit reüſſir cette pretention, & par ſon credit dans le païs, & par l'argent qu'il y feroit répandre de ſa part.

Il eſtoit tres-ſçavant dans la couſtume du païs, qui

oblige tous ceux qui se veulent porter heritiers de demander en pleine Iustice la mise en possession avant la fin des six semaines du jour de l'ensevelissement du defunt; & d'en requerir l'investiture, & produire les pieces justificatives de leurs pretentions au jour prefix des six semaines, à peine d'en estre déchus. Il estoit de plus tres-instruit de l'usage aussi bien que du pouvoir & de la competence des trois Estats, devant lesquels seuls ces demandes se doivent faire, & où se jugent les contestations qui naissent en consequence. Ainsi le premier pas qu'il fit faire à Madame de Nemours fut de la faire écrire à Monsieur le Gouverneur, & à Messieurs du Conseil de Neuf-Chastel, comme estant déja leur Souveraine. Les termes de la lettre & ceux des Procurations, dont il sera parlé cy-aprés, sont considerables, & font bien voir qu'on regardoit alors Messieurs des trois Estats comme des Juges competens & necessaires: Voicy ce que porte la lettre.

MESSIEURS, *Ie vous aprends avec beaucoup de douleur, la mort de feu Monsieur mon frere, qui a esté tué au service du Roy dans le passage du Rhin le 12. Iuin dernier; Ie ne doute pas que vous n'en ayez un ressentiment bien grand, & que vous ne preniez part à ma douleur. Ie vous fais ces lignes pour vous donner ordre de faire assembler les Estats du païs dans le jour prefix, conformement aux* COUSTUMES *de Neuf-Chastel que* VOUS DECLAREREZ *à mon Envoyé. I'espere que vous n'y ferez faute, & qu'ils se trouveront au jour prefix pour sçavoir mes intentions. Cependant je prie Dieu qu'il vous ayt, Messieurs, en sa sainte garde.*

Le méme jour Molondin fit passer à Madame de Nemours deux Procurations toutes conformes, l'une remplie de son nom, & l'autre de celuy du sieur de la Martiniere, *pour se transporter és Souverainetez de Neuf-Chastel & Valengin, & là pour & en son nom prendre possession desdites Souverainetez, en requerir & prendre aussi l'investiture si besoin estoit, observer les formes en tel cas requises & accoustumées, & en retirer tous actes necessaires.*

Il la fit encore écrire à Messieurs des Cantons de Berne, Lucerne, Fribourg & Soleure, alliez des Comtes de

---

Marginal notes:

Voir les attestations de la coustume données par le Conseil de Ville des 25 Octobre 1628. & 5. Octobre 1606.

La coustume veut qu'on demande l'investiture, Madame de Nemours s'est donc soumise à la demander, puis qu'elle veut qu'ō declare la coustume à son Envoyé.

Procurations de Madame de Nemours qui sont imprimées dans la procedure tenuë devant les Estats.

On ne requiert l'investiture que devant les trois Estats, Madame de Nemours pretendoit donc les reconnoistre. Vne forme requise c'est de demander l'investiture, Madame de Nemours s'y est donc soumise, & en a chargé son Procureur.

Neuf-Chaftel, & leur envoya les lettres par le fieur Greder fon beaufrere. Madame de Nemours y parle comme
Souveraine, & demande à ces Cantons l'obfervation de
leur alliance, & fe qualifie leur tres-affectionnée fervante
& alliée.

Comme les fix femaines écheoient le 23. Juillet de la
même année, Molondin & le fieur de la Martiniere par-
tirent en diligence pour Neuf-Chaftel, afin d'effayer dans
le peu de temps qui reftoit, de gagner ceux qui compofe-
roient les trois Eftats, & tafcher d'en tirer un Jugement
en faveur de Madame de Nemours.

Elle avoit pris toutes ces refolutions fans parler de rien
à Madame de Longueville, qui avoit gardé avec elle toutes les mefures imaginables de civilité & d'honnefteté.

Pour fatisfaire de fa part à la couftume du païs, Madame de Longueville Curatrice de Monfieur fon fils, en-

voya le fieur de Fontenay à Neuf-Chaftel, chargé de fa
Procuration, fans avoir la moindre penfée qu'il y puft
trouver aucun obftacle. Mais le fieur de Fontenay fut fort
furpris quand au dernier jour des fix femaines, aprés
avoir fait lire fa Procuration devant Meffieurs des trois
Eftats affemblez par Monfieur le Gouverneur à la maniere accouftumée & leur avoir demandé la mife en pof-
feffion, il vit paroiftre, comme Procureur de Madame de
Nemours le fieur de la Martiniere, affifté de Molondin
& du fieur Greder fon beaufrere. Et il le fut encore plus,
lors qu'outre cette Procuration le fieur de la Martiniere

fit lire un écrit contenant les raifons de Madame de Nemours, & le Teftament de feu Monfieur le Duc de Longueville. Cét écrit eft affez important pour avoir place
dans ce memoire.

*Se prefente le fieur de la Martiniere Ecuyer de Tres-Haute
& Tres-Puiffante Princeffe Madame Marie d'Orleans, veu-
ve de Tres-Haut & Puiffant Prince Monfeigneur Henry de
Savoye, Duc de Nemours & de Genevois, Pair de France,
lequel en qualité de Procureur conftitué par Son Alteffe Sere-
niffime Madite Dame de Nemours, par acte figné Ferret, &
Mouffle Notaires Royaux, paffé à Paris en l'Hoftel de
Soiffons le 7. de ce mois deuëment legalifée, dit:* Que

Que Dieu ayant retiré à soy le douzième Iuin passé Tres-Haut & Puissant Prince Monseigneur Charles Paris d'Orleans Duc de Longueville, Souverain des Comtez de Neuf-Chastel, & de Vallengin en Suisse son frere; sadite Altesse Serenissime luy a donné charge, avec regret, de representer que Monseigneur l'Abbé d'Orleans ne pouvant avoir l'administration des Estats Souverains de Neuf-Chastel & Vallengin, pour estre aliené d'esprit, & [a] *par consequent incapable de posseder une Souveraineté, ainsi que l'a reconnu son Altesse Serenissime mondit feu Seigneur Duc de Longueville par son Testament du cnziéme Avril dernier, dans lequel il declare ladite Dame sa Sœur son* [b] *Heritiere, sans faire aucune mention dudit Seigneur Abbé, le reputant par cette alienation d'esprit comme n'estant plus au monde, lesdits Estats Souverains sont devolus à sadite Altesse Serenissime par le droit du Sang qui l'y appelle, restant seule issuë de la Serenissime Maison de Longueville, & par consequent la plus habile à succeder à cette Principauté.*

a Maxime inoüie, & de pernicieuse consequence, qu'un Souverain qui devient par maladie incapable de l'administration de son Estat, en perde la proprieté; & on fait injure à M. de Longueville, de dire que dans son Testament il a eu cette pensée.

b Il ne paroist pas un mot de cela dans le Testament, ny en termes exprès ny par consequence. Et le mot d'heritiere n'y est que par une simple enonciation.

Et a ordre de Sadite Altesse Madame de Nemours d'en venir prendre la possession, [c] *& ensuite l'investiture, dans le desir qu'elle a de continuer à ses Estats, sous sa domination, les douceurs qu'ils ont joüy pendant les heureux regnes de ses predecesseurs.*

c Il avoir ordre de requerir l'investiture comme la Coustume le veut.

Sans qu'il y ait lieu d'hesiter au sujet de la renonciation que Sadite Altesse peut avoir faite, laquelle n'estant qu'en faveur de Messeigneurs ses freres, ne luy prejudicie en façon que ce soit à present.

Pourquoy alleguer cette renonciation, si Madame de Nemours pretendoit n'avoir plus de fe-res, mais cette allegation fait connoistre qu'elle a estimé que tant qu'elle en auroit un, sa renonciation l'excluoit de pretendre aucune chose dans la Souveraineté de Neuf Chastel.

Ny des actes que Mondit Seigneur l'Abbé peut avoir passez qui sont nuls, & de nul effet par l'estat d'interdiction auquel il se rencontre.

Ny mesmes des Curatelles decernées à son Altesse Serenissime Madame la Duchesse de Longueville, parce que la premiere est entierement eteinte par la majorité de Messeigneurs ses

C

enfans ; a *& la seconde ne peut concerner que l'administration des biens que ledit Seigneur Abbé avoit au temps qu'elle luy fut decernée, & même causée par son infirmité si connuë, qu'elle le rend tout à fait hors d'estat de posseder cette Souveraineté distinction inoüie & contre tout usage*

De sorte qu'il n'y a personne qui en ait droit que sadite Altesse Madame de Nemours, laquelle pour faire connoistre qu'elle ne le pretend pas b AU PREJUDICE DUDIT SEIGNEUR ABBÉ SON FRERE, *declare que s'il plaisoit à Dieu qu'il se trouvast à l'avenir en estat de gouverner ses Estats, elle les luy resignera avec joye.*

Et afin qu'il apparoisse que ledit sieur de la Martiniere, s'est acquitté de sa Commission c *dans le temps porté par la Coustume, il prie Messieurs des trois Estats, de luy donner un Extraict de ce qui se fait, & se fera sur ce sujet pardevant eux.*

competence, & qu'il estoit obligé de satisfaire à la Coustume

Après la lecture de ces trois pieces, le sieur de la Martiniere pour empescher la mise en possession demandée par le sieur de Fontenay, fit dire par son Avocat, d qu'on ne devoir point ajoûter de foy à la Procuration du sieur de Fontenay, parce qu'elle n'estoit pas legalizée. Le sieur de Fontenay soustint qu'il suffisoit qu'elle fust signée de Madame la Duchesse de Longueville. Et Messieurs des trois Estats ayant deliberé sur cette contestation, jugerent que la Procuration estoit bonne, & que comme on ne refusoit la mise en possession à personne, le sieur de Fontenay y devoit estre mis, sauf les droits d'autruy, & que lors qu'il s'agiroit de l'investiture, on examineroit les raisons des parties.

Ce jugement ayant surpris Molondin, qui ne s'y attendoit pas, il crût qu'il falloit changer de langage, & comme s'il eust oublié ce qui avoit esté fait juques-là, & que le sieur de la Martiniere n'estoit qu'un simple Procureur, dont le pouvoir estoit limité par sa Procuration, il luy fit dire de son chef en pleins Estats, * qu'il n'entendoit point se soûmettre à leur Jugement, qu'estans subjets ils n'estoient pas Juges competens pour decider du droit de Souveraineté, & qu'il prenoit au nom de Madame de Ne-

---

a Madame de Nemours ne pretend pas la Curatelle, mais elle conteste celle de Madame de Longueville par une

b Elle ne pretend donc pas la Souveraineté en proprieté, car ce ne pourroit estre qu'au prejudice de Monsieur son frere, ainsi elle ne pretend proprement ny la Curatelle ny la proprieté.

c Par cette demande le Procureur reconnoist formellement la

d Iustifie-t'on son pouvoir, & conteste-t'on celuy d'un autre devant des Juges qu'on ne croit pas competens, il ne faudroit que cela pour les rendre tels.

* Incompetence alleguée sans fondement, à tard aprés la reconnoissance, & sans pouvoir.

mours, *la possession & l'investiture.* Le sieur de Fontenay soustint le contraire, & demanda l'investiture, & comme l'heure de l'Audiance estoit passée, Messieurs des trois Estats renvoyerent les parties à l'apresdinée du mesme jour. Molondin y fit paroistre le sieur de la Martiniere, & pour reparer le faux-pas qu'il luy avoit fait faire en luy faisant prendre la possession & l'investiture au lieu de les demander comme *b* la coustume y est expresse, il luy fit dire, qu'estant que la coustume l'y obligeoit, *il leur demandoit la mise en possession, qu'il avoit pourtant déja prise, sans entendre prejudicier à son droit, ny se soûmettre à leur disposition concernant* c *l'investiture, parce qu'estans subjets, ils estoient Iuges incompetens d'une Souveraineté.*

Surquoy le sieur de Fontenay ayant soustenu qu'ils avoient toûjours pris connoissance de ces sortes de differens, Messieurs des trois Estats *d* jugerent que le sieur de la Martiniere ne les pouvoit recuser comme Iuges incompetens : ils en expliquerent méme les raisons, & ordonnerent que s'il avoit quelque chose à alleguer contre l'investiture demandée par le sieur de Fontenay, il eust à le faire dans ce jour prefix, faute dequoy ils rendroient leur Jugement.

Le sieur de la Martiniere demanda encore entant que la coustume le requeroit, d'estre mis en possession, ce qui luy fut accordé, & aprés s'estre opposé à la demande du sieur de Fontenay pour l'investiture, comme n'estant pas une chose de la competence des Estats, il protesta contre tout ce qui se feroit au prejudice de Madame de Nemours.

Messieurs des trois Estats pour garder dans cette affaire toutes les formes les plus exactes, & n'y rien faire qu'avec connoissance de cause, voulurent qu'on lût tous les actes dont se servoit le sieur de Fontenay, sçavoir la Curatelle de Madame de Longueville, le Contract de mariage de Madame de Nemours, & la donnation faite à Monsieur le Comte de S. Paul en l'année 1668. de la Souveraineté de Neuf-Chastel, afin que si le sieur de la Martiniere avoit

---

a Sa Procuration le chargeoit de requerir l'investiture, & la coûtume le veut, & il la prend d'autorité.

b La coûtume n'oblige pas moins de demander l'investiture aux Estats que la possession.

c Peuvent ils estre competens pour la possession, ainsi qu'il le reconnoist, & incompetens pour l'investiture.

d Jugement des trois Estats, qui se declarent competens.

e La competence jugée, le sieur de la Martiniere reconnoist de nouveau les Estats par une demande, & par une opposition, & croit tout couvrir par une protestation.

quelque chose à dire tant sur ces actes que sur la coustume & l'ordre des successions de cette Souveraineté, il le pust faire.

Ces trois actes ayant esté leus, le sieur de Fontenay, demanda l'investiture, & répondit aux raisons contenuës dans l'écrit du sieur de la Martiniere. Celuy-cy fit dire par son Avocat, qu'il n'entendoit point se soûmettre au Jugement de Messieurs des trois Estats, & ² que ce qu'il diroit ne seroit que par forme d'éclaircissement, aprés quoy pour destruire les raisons du sieur de Fontenay, & les pieces dont il se servoit, il repeta les mêmes choses qui estoient contenuës dans l'écrit qu'il avoit presenté le matin.

Messieurs des trois Estats ne voulant rien precipiter, remirent au Mercredy vingt-septiéme du mois à rendre leur Jugement; & ce jour-là même le sieur de la Martiniere, qui ne vouloit que gagner du temps, fit encore une démarche qui porte une reconnoissance formelle de la competence des Estats, en demandant b communication & copie des actes produits par le sieur de Fontenay, ce qu'il n'obtint pas neanmoins, parce que le sieur de Fontenay s'y opposa, sur ce que la Coustume veut qu'on allegue tout ce qu'on a à dire avant la fin des six semaines, & qu'ainsi il ne pouvoit plus rien demander. Messieurs des trois Estats refuserent cette communication, & prirent trois mois de delay pour rendre leur Jugement, pendant lesquels toutes les choses que Madame de Longueville feroit en qualité de Curatrice subsisteroient, comme tout ce qu'elle a fait durant la minorité, sans neanmoins prejudicier aux pretentions de Madame de Nemours.

Molondin qui s'estoit preparé à tout évenement, & qui ne vouloit qu'embroüiller, avoit un acte tout prest par lequel le sieur de la Martiniere d protestoit contre tout ce qui s'estoit fait au prejudice des droits de Madame de Nemours, au nom de laquelle il *prenoit l'investiture*. Cette protestation fut leuë par le sieur de la Martiniere, & le Procureur General du Comté de Neuf-Chastel ayant contre-protesté, Messieurs des trois Estats e jugerent que

---

a Ces sortes de protestations jointes à des re cônoissances for melles & reite rees, & sur tout aprés la compe tence reglée, ne font que des chi caneries à quoy l'on n'a aucun égard.

b Nouvel acte de reconnoissance & sans protestation.

c Les Estats re mettent le Jugement à trois mois

d Protestatiôs du Procureur de Madame de Nemours qui prend de son autorité l'investi- ture pour la seconde fois.

e Les trois Estats jugent que de prendre l'investi-

le fieur de la Martiniere ne pouvoit ainfi prendre l'invé-
ftiture de luy même, & que c'eftoit une chofe contraire
aux couftumes & aux franchifes du païs.

ture, c'eftoit une
chofe contraire
aux couftumes &
franchifes du
païs.

Pendant ces trois mois de delay, Molondin & fes parti-
fans ne fe contenterent pas de femer par tout de faux
bruits, mais ils employerent même toutes fortes de voyes
pour attirer des gens de leur parti, & fur tout pour gagner les Juges des trois Eftats. On voulut perfuader à
Madame de Longueville d'arrefter le cours de ces cabales, & d'en faire chaftier les auteurs. Mais quelques fuites qu'elle euft fujet d'en craindre, elle aima mieux diffi-
muler & ofter à Madame de Nemours le pretexte de fe
plaindre qu'on n'euft pas laiffé à fes Agens la liberté de
fe defendre, efperant que lors du Jugement de l'affaire,
Meffieurs des trois Eftats indignez d'une telle conduite,
puniroient la temerité & l'infolence de ce procedé qui
offençoit également la Puiffance Souveraine du Prince,
l'autorité des Eftats, & les privileges & franchifes du
païs.

Cependant comme s'il euft fuffi au fieur de la Martiniere pour ofter à Madame de Longueville la qualité de
Curatrice; qu'il la luy euft conteftée devant les Eftats, il
écrivit fur le même pied à Meffieurs du Canton de Berne
le treiziéme Aouft 1672. & par cette raifon tafcha de les
empefcher de fe trouver à une Conference qui fe devoit
tenir pour une autre affaire née du vivant de Monfieur de
Longueville. Il les pria de n'y point aller, *que les trois mois
pris par Meßieurs des Eftats ne fuffent expirez, parce que
iufques-là les chofes eftoient en fufpens à Neuf-Chaftel*, c'eft à
dire que felon luy même le Jugement des Eftats devoit
donner un Souverain au païs.

* Le fieur de la
Martiniere écrit à
Meffieurs du Cã-
ton de Berne . &
fa lettre marque,
que le Jugement
des Eftats doit
donner un Sou-
verain au païs, il
ne croyoit donc
pas alors que la
decifion en ap-
partinc à ce Can-
ton.

Ce procedé & ce qu'on alléguoit fans fondement que
la Curatelle de Madame de Longueville ne s'eftendoit
pas aux biens retournez depuis fa nomination à Monfieur
de Longueville d'aujourd'huy, l'obligerent d'avoir recours à Sa Majefté, qui aprés en avoir fait parler à Madame de Nemours, ordonna le vingt-fixiéme Aouft 1672.
que fuivant l'ufage ordinaire de fon Royaume, Madame

22

de Longueville continüeroit d'estre Curatrice à la personne, & aux biens de Monsieur son fils, non seulement pour les biens qu'il avoit lors qu'on l'avoit nommée Curatrice, mais pour tous ceux qui luy estoient retournez en vertu de la clause de reversion portée par la donation, & qui luy pouroient écheoir à l'avenir; & les parens paternels & maternels declarerent ensuite que lors qu'ils l'avoient nommée Curatrice, leur intention avoit esté de la nommer indefiniment, comme ils l'y nommoient encore, & tant pour les biens presens du Seigneur son fils, que pour ceux qui luy pouroient écheoir à l'avenir.

Cependant Molondin qui ne voyoit pas que ses presens, ny ses promesses, ny les faux bruits qu'il avoit fait courir eussent tout l'effet qu'il en avoit attendu, tascha de faire differer une seconde fois le Jugement de l'affaire; mais ce dernier effort ayant aussi peu reüssi, il n'eut plus d'autre recours que de reprendre l'incompetence qu'il avoit fait alleguer par le sieur de la Martiniere, & qu'il luy avoit fait aussi depuis abandonner.

Dans cette veuë, & trois semaines seulement avant que les trois mois fussent expirez, il se fit donner par Madame de Nemours une *seconde Procuration du sixiéme Octobre 1672 *pour se transporter à l'Assemblée des trois Estats, & là, en cas qu'ils voulussent juger du differend pour la Principauté de Neuf-Chastel, leur declarer que s'agissant d'une Souveraineté, eux qui n'estoient que *des subjets n'en pouvoient connoistre, ny pretendre qu'elle fust soûmise à leur jugement, & où au prejudice de cette declaration, ils voudroient passer outre, protester de nullité de tous les Jugemens qui pourroient intervenir, tant pour ces raisons que pour celles qu'il déduiroit en temps & lieu.*

Cette Procuration portoit encore pouvoir de faire saisir tous les fruits & revenus de la Principauté écheus, & à écheoir, & par dessus tout cela une clause aussi étrange & aussi inoüie qu'on en ait jamais vû, & qui marque bien que cette pretenduë incompetence n'avoit esté alleguée qu'au hazard. Car comme il ne sçavoit encore à qui faire présent de l'autorité qu'il vouloit ôster aux Estats, il jugea à propos pour s'ériger un tribunal à son gré de se faire donner par la Procuration un *pouvoir general de s'adresser à tels Iuges qu'il aviseroit*, c'est à dire de donner par son choix à qui il luy plairoit dans l'Europe le droit de decider d'une Souveraineté, au lieu que si Messieurs du Canton de Berne en eussent esté les Juges; par le traité de Combourgeoisie, comme il le pretend, il n'auroit jamais manqué de les faire nommer par sa Procuration. Il faut estre aussi imprudent, & aussi hardy que Molondin pour avoir une pensée si bizarre, & pour se charger d'une telle Procuration.

Le 27. Octobre 1672. il se presenta hardiment devant les Estats avec le sieur de la Martiniere, & fit lire la premiere Procuration du 7. Juillet 1672. & cette derniere, aprés quoy sans que Messieurs des trois Estats eussent rien dit, ny qu'il leur eut rien demandé, il lût luy-même sa sommation, & ils se retirerent l'un & l'autre: Voicy ce que porte la sommation.

MESSIEURS, *En vertu de ma Procuration, laquelle a esté leuë, qui touche expressement vostre incompetence pour juger en ce fait, & qui donne matiere de contestation à Son Altesse Serenissime Madame la Duchesse de Nemours ma constituante contre vous; je vous somme en son nom & en vertu de ma Procuration, de surseoir le Iugement jusqu'à la decision dudit point de competence, qui doit estre fait indubitablement par leurs Excellences Messieurs les Advoyer & Conseillers du Canton de Berne, suivant l'acte de Combourgeoisie, & proteste de la nullité de tous Iugemens rendus & à rendre, & de tout ce qui pourroit ensuivre; & que les Tresoriers & Receveurs surseoient à rien délivrer, jusqu'à ladite decision, sous peine d'en estre recherchez eux & leurs heritiers.*

Aprés la lecture de cette sommation, les sieurs de Fontenay & David Procureur de Madame de Longueville, surpris d'une action si hardie & si insolente, en demanderent Justice à Messieurs des trois Estats, qui ordonnerent qu'en attendant qu'ils y eussent deliberé, Molondin seroit mis en Arrest suivant l'usage du païs, afin qu'on luy pust prononcer le Jugement qui feroit rendu contre luy; ce qui luy fut à l'inftant fignifié par des Officiers de Juftice.

Les fieurs de Fontenay & David ayant enfuite demandé qu'on leur donnaft l'inveftiture, Meffieurs des trois Eftats firent lire leurs Procurations; l'Arreft du Confeil de Sa Majefté du 26. Aouft 1672. les avis de parens des 28. 29. & 30. Septembre & 2. Octobre de la même année, & rendirent le Jugement qui fuit,

a Jugemens des trois Eftats qui fe fondent fur la renonciation de Madame de Nemours.

b Sur l'indivifibilité de la Souveraineté, & l'exclufion des filles par les mâles.

c Sur ce qu'il n'y a nul rapport du mot d'heritier, dit par fimple enonciation, à une inftitution d'heritier.

d Sur ce que feu Monfieur de Longueville ne pouvoit difpofer de la Souveraineté, à caufe de la claufe de retour.

Meffieurs des trois Eftats ayant confideré que Son Alteffe Sereniffime Madame la Duchffe de Nemours a ᵃ renoncé par fon Contract de mariage à la fucceffion future de Meffeigneurs fes freres, au profit du furvivant d'eux: que fi mefme elle n'avoit pas fait cette renonciation, elle ne pourroit neanmoins pretendre aucune part à la Souveraineté de Neuf-Chaftel, ny à fes dependances, puis qu'elle eft ᵈ indivifible, & que les mâles fuccedent à l'exclufion des filles, & les aifnez à l'exclufion de leurs cadets, fuivant l'ordre obfervé depuis plufieurs fiecles, qui doit eftre fuivy comme une couftume inviolable: Qu'il n'y a aucune apparence que defunt Monfeigneur le Duc de Longueville fon frere, ait eu intentiõ de l'inftituer fon ᶜ heritiere dans le Teftament qu'elle a produit, ny ayant qu'une fimple enonciation qui n'eft accompagnée des formalitez requifes, pour une inftitution d'heritier: Que d'ailleurs il ne pouvoit pas difpofer de cét Eftat par Teftament, puifque Monfeigneur le Duc de Longueville fon frere aifné, à qui feul il appartenoit par la couftume, avoit expreffement refervé, en luy en faifant donation, qu'il luy ᵈ retourneroit de plein droit, fi Monfeigneur fon frere, qui l'accepta à cette condition, mouroit fans enfans: Pour ces raifons, enfuite de la refolution defia unanimement prife fur le jour des fix femaines, ils ont jugé que les fieurs de Fontenay & David, comme Procureurs de Son Alteffe Sereniffime Madame la Ducheffe de Longueville, au nom & comme mere & Curatrice de Son Alteffe Sereniffime Monfeigneur Iean Loüis Charles d'Orleans Duc de Longueville fon fils, doivent eftre inveftus dudit Comté de Neuf-Chaftel, de la Seigneurie de Vallengin, & des autres appartenances, dependances & annexes de ladite Souveraineté de Neuf-Chaftel. Au refte Sa Majefté Tres-Chreftienne juge du domicile de Son Alteffe Sereniffime

reniſſime Monſeigneur le Duc de Longueville, ayant conformement à l'avis des parens paternels & maternels de Mondit
Seigneur, donné pour Curatrice à ſa perſonne, & à l'adminiſtration de ſes biens Son Alteſſe Sereniſſime Madame la Ducheſſe de Longueville ſa mere. Meſſieurs des trois Eſtats ont
declaré que les oppoſitions de Madame la Ducheſſe de Nemours
ſur cette Curatelle ſont mal fondées, & qu'elle doit avoir lieu
pour le Comté de Neuf-Chaſtel & ſes dependances, ſuivant ce
qui a eſté pratiqué pendant les minoritez des Princes.

En conſequence de ce Jugement, le Gouverneur donna l'inveſtiture aux ſieurs de Fontenay & David en leur
faiſant toucher le Sceptre. Et Meſſieurs des trois Eſtats
eſtans rentrez dans la Chambre donnerent un autre Jugement contre Molondin, qui porte :

Qu'ayant conſideré ſon procedé inſolent & ſeditieux, ſes
attentats contre ſon Alteſſe Sereniſſime, & la Souveraineté
de cet Eſtat, & les choſes qu'il a faites contre la puiſſance publique, l'autorité des trois Eſtats, les franchiſes du pays, &
la tranquilité publique, ils ont unanimement jugé qu'il auroit
merité d'eſtre puny corporellement, mais pour le reſpect qu'on a
pour Madame la Ducheſſe de Nemours, ils ne le condamnent
qu'à ſortir promtement de cette ville, & dans vingt-quatre
heures dès Eſtats de ſon Alteſſe Sereniſſime, ſans qu'il y puiſſe
jamais rentrer, l'en banniſſant à perpetuité, & adjugeant à
Son Alteſſe Sereniſſime tous les biens qui luy appartiennent
dans cette Souveraineté. Et outre qu'ils mettent à neant les
proteſtes que ledit ſieur de la Martiniere a faites cy-devant,
& telles que ledit ſieur de Molondin a faites aujourd'huy, enſemble toutes leurs ſommations & procedures depuis le deceds
de Son Alteſſe Sereniſſime, ordonnans au reſte aux ſieurs Treſoriers & Receveurs de Son Alteſſe Sereniſſime de continuer à
payer ſuivant les ordres qu'ils en recevront de Son Alteſſe Sereniſſime Madame la Ducheſſe de Longueville, ou de Monſieur le Gouverneur, comme ils ont fait juſques à preſent. Declarant que jamais eux ny les leurs, n'en pourront eſtre recherchez, inquietez ny moleſtez en aucune maniere, & ſous quel
pretexte que ce ſoit.

D

Le premier de ces Jugemens où l'on voit au long quels en ont esté les motifs, se defend de luy-même, & donne une idée suffisante de toute l'affaire.

Les Estats deboutent Madame de Nemours, tant de sa pretension sur la Souveraineté de Neuf-Chastel, que de son opposition à la Curatelle de Madame de Longueville.

Ils ont consideré que Madame de Nemours avoit renoncé par son Contract de mariage à la succession future de chacun de Messieurs ses freres au profit du survivant, moyennant une somme considerable de cinq cens mil livres, outre celle de quatre-vingts-dix mil livres qu'elle touchez depuis le decez de Monsieur son pere, & qu'ainsi elle alloit contre la disposition precise de son Contract de mariage.

Ils ont regardé que quand cette renonciation n'auroit pas formé une fin de non recevoir indubitable, elle n'auroit rien pû pretendre à la Souveraineté de Neuf-Chastel, ny pour le tout, ny pour partie, puis que ce Comté a toûjours esté possedé par les mâles, à l'exclusion des filles, ce qui est tellement indubitable & connu parmy eux, qu'ils marquent expressément que c'est un ordre observé depuis plusieurs siecles, & qui doit estre suivy comme une coûtume inviolable.

Ils ont bien vû que Monsieur de Longueville n'avoit eu aucune intention dans son Testament d'instituer Madame de Nemours son heritiere, & ils ont jugé qu'il n'en auroit pas même eu le pouvoir, quand il l'auroit voulu.

La lecture du Testament leur a fait voir les motifs qui l'avoient porté à le faire, & ils ont esté convaincus par tout ce qui precede & qui suit le mot d'*Heritiere* qu'il donne en passant à Madame de Némours, & dont on luy a suggeré de prendre avantage, qu'il n'a jamais eu la moindre pensée de l'instituer par là son heritiere; ce qui demanderoit bien d'autres formalitez; ce mot d'*Heritiere* marquant tout au plus dans l'esprit de Monsieur de Longueville, que les biens de la maison de Longueville la regardoient au cas qu'elle pût survivre l'un & l'autre de ses deux freres, l'aisné sur tout ne pouvant avoir d'enfans outre que même elle estoit son heritiere pour quelque sorte de bien, comme pour une partie de l'Hôtel de Longueville, & de ses meubles & aquests s'il eust survêcu à Madame sa mere.

Il leur a esté visible qu'il n'a pû penser à cette institution de Madame de Nemours qui auroit esté une exheredation de Madame sa mere son heritiere legitime quant aux meubles & aquests.

Ils n'ont eu garde de penser qu'il eust voulu faire Madame de Nemours son heritiere de la Souveraineté de Neuf-Chastel, eux qui sçavoient bien qu'il ne l'auroit pû quand il l'auroit voulu, puisque la nature du Comté qui ne peut passer aux filles tant qu'il y à des mâles y resistoit, & qu'il ne le possedoit qu'en vertu de la donation que Monsieur son frere luy en avoit faite, en s'en reservant le retour au cas qu'il decedast avant luy sans enfans, ils ont consideré que la condition estant arrivée, le Comté de Neuf-Chastel retournoit de plein droit à Monsieur de Longueville. Ils ne se sont point arrestez à ce que les Agens de Madame de Nemours ont ozé soûtenir par écrit en pleins Estats, que l'estat present de Monsieur de Longueville ne luy permettant pas d'avoir la conduite & l'administration de son bien, il estoit incapable de posseder la Souveraineté ; & que devant estre regardé comme n'estant plus au monde, elle passoit de droit à Madame de Nemours.

Ils ont eu de l'indignation de voir qu'on voulût succeder à un homme vivant, & luy oster ce qui luy appartient si legitimement.

Ils sçavoient que ny un Prince, ny qui que ce soit ne perd la proprieté de son bien de quelque infirmité qu'il soit attaqué ou de corps ou d'esprit, que personne n'est exclus par là des successions qui luy viennent, & qu'il n'y à ny loix ny coustumes qui l'en privent : que c'est le droit du sang qui les donne, & que ce droit estant immuable, comme disent les Jurisconsultes, la mort seule le peut esteindre : que l'on voit tous les jours les furieux mêmes & les frenetiques succeder à leurs proches, qu'ils sont con-

---

Notes marginales :

La clause de reversion,

Les Estats n'ont point dû avoir d'égard à ce qu'aleguoit Madame de Nemours de l'état de Monsieur son frere,

Parce qu'un Prince non plus qu'un particulier, ne perd point la proprieté de son bien, en quelque infirmité qu'il puisse tomber,

fiderez comme les abfens qui ne laiffent pas de fucceder
& d'aquerir, & que la fubftitution exemplaire introduite
par le droit Romain, en eft une preuve manifefte, puifque
par là on voit tous les jours des biens aquis à des enfans
qui ne font pas nez, & qui même peuvent naiftre imbe-
ciles & furieux.

Ils ont bien fceu qu'il n'y a nulle difference entre les
Souverainetez & les autres biens à l'égard de la fucceffion, & que bien loin qu'il y ait ny loy ny exemple qui
puiffe apuyer une telle diftinction, les loix, les exemples,
& la raifon même font voir clairement qu'un Prince pour
eftre foible d'efprit, ne perd ny ne doit perdre les Eftats
Souverains qu'il poffede ou qui luy écheent à titre d'he-
redité, que c'eft là la veritable & l'unique diftinction entre les Souverainetez hereditaires & les électives; qu'à
l'égard des hereditaires ny la foibleffe ny même la perte
entiere de l'efprit ne fçauroit ofter le droit que la nature
& le fang y donnent, parce qu'une Souveraineté heredi-
taire n'eft pas moins le patrimoine d'un Prince que les autres biens font le patrimoine des particuliers; les enfans
regnent dés le berceau, & même dés le fein de leurs meres
dans les Royaumes fucceffifs, fans que pourtant ces enfans foient plus capables de gouverner leur peuple qu'un
Prince foible d'efprit à quelque point qui le fût. N'a t-on
pas vû en France Charles VI. tombé en frenefie, & s'a-
vifa-t-on pour cela aux Eftats affemblez à Paris de luy
ofter la Couronne: ne fe contenta-t-on pas de donner la
Regence à fon fils; & ne voyons-nous pas de nos jours
qu'Alphonfe Roy de Portugal qui avoit époufé une Princeffe de la Maifon de Nemours, ayant efté attaqué d'une
femblable maladie, fon frere à la verité a eu l'adminiftra-
tion de l'Eftat, mais à titre de Regent, & non pas de fuc-
ceffeur. Quel defordre ne verroit-on point fi l'on en ufoit
autrement? qui auroit-il de plus malheureux que la condition des Souverains? quelle porte ouverte aux ufur-
pateurs? & de quelle importance n'eft-il pas, pour la confervation de la tranquilité publique, qu'une inftitution fi
fage foit inviolablement gardée.

Pour ce qui regarde l'opposition de Madame de Nemours à la Curatelle de Madame de Longueville , Messieurs des trois Estats n'y pouvoient avoir d'égard, à moins que d'avoir oublié les maximes du droit les plus connuës & l'usage même pratiqué de tout temps dans le Comté de Neuf-Chastel , comme on l'a invinciblement prouvé.

Enfin , à moins qu'ils ne fussent devenus estrangers dans leur propre païs, leurs loix leur aprenoient que quand les pretentions de Madame de Nemours eussent esté aussi bien fondées qu'elles l'estoient mal , elle en estoit absolument décheuë , puisque son Procureur n'avoit pas demandé l'investiture dans le jour prefix des six semaines, comme il y estoit obligé par la coustume, & par sa propre Procuration , quoy que Messieurs des Estats luy eussent declaré selon la même loy, qu'aprés cela ils rendroient leur Jugement.

Il n'y eust donc jamais de Jugement plus regulier , plus legitime , ny mieux fondé que celuy la , & il est apuyé sur tant de raisons convainquantes, qu'il n'y a personne qui ne voye que Messieurs des trois Estats n'auroient pû juger autrement sans violer toutes les loix de la Justice & les leurs particulieres.

Il ne seroit pas plus mal aisé de faire voir à l'égard du Jugement rendu contre Molondin , qu'il a esté traité avec plus d'indulgence que de severité, & que la qualité de Procureur de Madame de Nemours personne privée en cette occasion , quoy que Princesse par sa naissance , ne l'a pû , ny dû exempter de la juste condamnation que meritoient sa conduite seditieuse, ses attentats pour oster à son Prince legitime ce qu'il sçavoit bien luy-même, qu'on ne luy pouvoit contester, & l'insolence avec laquelle il a détruit, autant qu'il estoit en luy , la Souveraineté des trois Estats, violé les franchises du païs , & troublé la tranquilité publique. Car, qu'appelle-t on crime d'Estat, si ce n'en est pas un qu'un subjet, honoré de la dignité de Conseiller d'Estat, ait eu la temerité de se charger d'une Procuration comme celle dont il a esté parlé , & qu'il ait eu la hardiesse de faire une sommation si injurieuse à ceux dont il

---

Marginalia:

Madame de Nemours estoit décheüe de ses pretentions quand elles auroient esté legitimes , faute d'avoir satisfait à la coustume.

Que Molondin a esté justement condamné & pouvoit estre traité plus severement.

est né subjet, & de la lire luy-même en pleins Estats.

Molondin est Bourgeois du Landron, & en cette qualité subjet du Souverain de Neuf-Chastel.

Il est de plus Conseiller d'Estat, & quoy que depuis que le sieur d'Affry est Gouverneur, il n'en ait fait aucune fonction. son serment dont il n'est pas degagé, l'oblige pourtant à maintenir la Souveraineté avec toutes ses libertez, franchises & coustumes.

Il sçavoit d'ailleurs que Monsieur de Longueville estoit le vray Souverain.

Il n'ignoroit pas les loix du païs, qui preferent les mâles aux filles dans la succession de la Principauté, & l'usage qui s'y est toûjours observé.

Il estoit tres-instruit que la donation de Monsieur le Duc de Longueville portoit la clause expresse de reversion, puis qu'il l'avoit signée comme témoin, & aprés qu'elle avoit esté leuë en pleins Estats, où il avoit porté la parole.

Il ne pouvoit ignorer que la condition de retour stipulé par la donation estant arrivée, il n'y avoit point d'autre Souverain que Monsieur le Duc de Longueville.

Il sçavoit enfin que les trois Estats estoient seuls competens de decider les contestations pour la succession de la Souveraineté, & qu'ils en avoient toujours esté les Juges. N'estoit-ce donc pas à luy un attentat tres-criminel & tres-punissable de s'estre chargé de deux Procurations, & d'un écrit qui tendoient à déposseder son Souverain, & à dépoüiller les Estats de leur pouvoir, pour le transferer à des estrangers, & que pour comble d'insolence il eust voulu lire luy-même à la face des Estats cét écrit injurieux qu'un homme moins animé auroit laissé lire au sieur de la Martiniere, qui seul avoit parlé jusque-là, & qu'il se fust ensuite retiré, d'une maniere qui ne témoignoit pas seulement du mépris pour ceux qui representoient son Souverain, mais qui pouvoit même porter les esprits à quelque émotion, s'ils y eussent esté aussi disposez qu'il le croyoit par les semences qu'il en avoit jettées.

Qu'avoient donc plus à faire Messieurs des trois Estats?

Les crimes de Molondin eſtoient publics & tout s'eſtant
paſſé à leur veuë, il n'eſtoit point queſtion de s'enquerir
du fait, il n'y avoit qu'à voir ce que demandoit la loy, &
& quelle punition ces attentats meritoient ; & c'eſt en
quoy on ne peut pas pretendre que les Eſtats ayent eſté
trop rigoureux.

On ne peut pas dire non plus que par ce Jugement on
ait violé le droit des gens: parce que d'une part Madame
de Nemours, quoy que Princeſſe, n'eſtoit pas Souveraine, & n'a agy en cette rencontre que comme une partie
devant ſes Juges ; & que de l'autre, Molondin n'étoit
qu'un ſimple porteur de Procuration, & ne pouvoit pretendre la qualité d'Ambaſſadeur.

Or ſi le droit des gens veut que les Ambaſſadeurs & les
Envoyez des Souverains ſoient inviolables, on n'a jamais
pretendu que ce droit s'étendiſt à ceux qui ne feroient que
repreſenter des particuliers qui auroient un procez dans
un Eſtat Eſtranger.

Cette ſeule conſideration ſuffit pour faire voir l'injuſti-
ce des plaintes qu'on fait de ce Jugement: mais il ne re-
ſtera pas la moindre ombre de doute, ſi l'on conſidere,
qu'eſtant ſubjet de Monſieur de Longueville, il n'a pû ſe
charger de gayeté de cœur d'une commiſſion contre ſon
Souverain, pour une perſonne à laquelle il n'eſtoit en rien
ſoûmis ; & que le titre de Procureur ne la pû mettre à couvert de la punition qu'il meritoit. Celle à quoy on l'a condamné ne ſeroit pas même injuſte à l'égard d'un ſubjet
qui ſeroit envoyé comme un Ambaſſadeur à ſon Souverain, par un Prince étranger ; car quoy que le droit des
gens rendiſt à la verité ſa perſonne inviolable, il ne le
mettroit pas à couvert du juſte reſſentiment de ſon Prince, à qui il ſeroit tres-libre de punir une conduite ſi criminelle en le privant de ſes biens, & de l'habitation dans
ſes Eſtats, dont il ſe ſeroit rendu indigne. Il n'y a point
de raiſon qui oblige un Souverain de ſouffrir dans ſes
Eſtats une perſonne qui les a troublez, & qui les peut
encore troubler par ſa preſence, ny de luy laiſſer des
biens dont il s'eſt ſervy contre luy. Et rien ne ſeroit de ſi

pernicieuſe conſequence , que ſi des ſubjets qui ſeroient
dans le deſſein de ſervir des Uſurpateurs contre leur Prince legitime , pouvoient impunément demeurer dans ſes
Eſtats, & y joüir mal-gré luy de leurs biens, ſous ombre
qu'ils ſe ſeroient volontairement chargez des ordres de
ſes ennemis.

Il doit ſuffire à Molondin, qu'en conſideration de l'honneur qu'il avoit d'agir pour Madame de Nemours, il a
eſté traité avec plus d'indulgence que de ſeverité : & ce
qui doit perſuader qu'on n'a voulu punir en luy qu'un ſubjet rebelle , & non pas un Agent, c'eſt qu'on n'a rien ordonné contre le ſieur de la Martiniere qui eſtant Procureur de Madame de Nemours, comme Molondin, n'étoit
pas neanmoins ſubjet comme luy.

Mais comme cette conſideration d'équité & de juſtice
ne trouvent point d'entrée dans une ame que la paſſion
poſſede , il a paru par la ſuite que Molondin, au lieu de reconnoiſtre ſa faute & de s'efforcer de la reparer, forma
déſſors le plan de ces entrepriſes ſeditieuſes où il s'eſt porté depuis , & de toutes les démarches irregulieres auſquel-
les il a engagé Madame de Nemours.

Le premier pas qu'il fit fut d'aller à Berne avec le ſieur
de la Martiniere , pour y porter ſes plaintes au nom de
Madame de Nemours, contre le Jugement qui avoit eſté
rendu par les trois Eſtats de Neuf-Chaſtel.

Meſſieurs du Canton de Berne en donnerent avis au
Conſeil de ville de Neuf-Chaſtel ; pour ſçavoir quel intereſt ils y prenoient : & le Conſeil connoiſſant le piege que
Molondin luy avoit tendu, fit à Meſſieurs de Berne dans
le mois de Decembre ſuivant , une réponſe qui merite
d'eſtre icy inſerée.

M*agnifiques & Puiſſans Seigneurs* ,

*Ayant conſideré la lettre que Vos Excellences nous ont écrite
le vingt-neuviéme Novembre, nous avons jugé à propos de les
remercier tres-humblement de la part qu'il leur a plû nous donner de la propoſition que le ſieur de Molondin leur a faite.
Nous nous contenterons d'aſſurer Vos Excellences , que les*
trois

On n'a rien or-
donné contre le
ſieur de la Marti-
niere , parce qu'il
n'étoit pas ſub-
jet.

Molondin por-
te à Berne les
plaintes de Mada-
me de Nemours
contre le Juge-
ment des trois
Eſtats.

Meſſieurs de
Berne ne vont
pas ſi viſte que
Molondin auroit
voulu , & ne font
qu'en écrire au
Conſeil de la vil-
le de Neuf-Cha-
ſtel

trois Estats depuis la reformation de la Religion, ont toûjours exercé la Iustice souverainement, & en dernier ressort dans cette Souveraineté, qu'ils y font même les loix, les éclaircissent, & les changent. QUE JAMAIS IL N'EST ARRIVE' AUCUNE CONTESTE POUR LA SUCCESSION DE CE COMTE' QU'ON NE SE SOIT ADRESSE' A EUX COMME AUX JUGES COMPETENS POUR EN OBTENIR LA POSSESSION ET L'INVESTITURE; ET QUE LEUR COMPETENCE S'ETEND A TOUTES CONTROVERSES, A LA RESERVE DE CELLES QUI SURVIENNENT ENTRE LE PRINCE ET LA VILLE DE NEUF-CHASTEL, LESQUELLES SE DOIVENT PORTER PARDEVANT VOS EXCELLENCES, SUIVANT CE QU'ILS EN SONT CONVENUS EXPRESSEMENT PAR LA COMBOURGEOISIE QU'ILS ONT PRISE AVEC NOUS: *Et puisque Vos Excellences, suivant l'intention favorable qu'elles ont toûjours fait paroistre pour ce qui nous touche, ont bien voulu nous demander quel interest nous y pouvons avoir en ce rencontre:* NOUS LEUR DIRONS FRANCHEMEMT, QUE C'EST LE BONHEUR DE LA TRANQUILITE' DE CET ESTAT, ET POUR LA CONSERVATION DE NOS FRANCHISES *Nous sommes persuadez que la bonté de Vos Excellences ne nous fera nullement douter qu'elles ne contribuent à affermir nostre felicité, en éloignant par leur sagesse ordinaire toutes choses qui la pourroient ébranler, c'est la faveur que nous vous suplions tres-humblement de nous faire en ce rencontre, dans l'assurance que vous estes nos meilleurs voisins & perpetuels Bourgeois, ausquels reciproquement nous ne manquerons jamais de témoigner en toutes les rencontres qui se presenteront que nous sommes & serons à jamais en toute sincerité, &c.* Cette Lettre est de Decembre 1672.

Molondin de son costé remplit Madame de Nemours de toutes les impressions qu'il voulut, & la fit entrer dans tous les projets qu'il avoit formez.

Madame de Longueville ne laissa pas pour arrester la suitte des mauvais conseils dont elle sçavoit bien que Madame de Nemours estoit prevenuë, de chercher des voyes de terminer à l'amiable leurs differens, & comme elle sçavoit que Monsieur le President de Novion estoit des

La ville de Neuf-Chastel reconnoist la competence des Estats, & que le traité de Combourgeoisie ne regarde que les differens entre le Prince & elle.

Elle marque que le Iugement des Estats conserve leurs franchises. & la tranquilité de l'Estat.

E

amis particuliers de Madame de Nemours, elle voulut bien l'informer à fond de tout ce qui avoit esté fait, & elle luy témoigna que quand Madame de Nemours le voudroit, on entreroit en Conference. Monsieur de Novion quelque temps aprés, vint dire à Madame de Longueville, que Madame de Nemours acceptoit la Conference, & qu'elle se feroit chez luy, si Madame de Longueville le trouvoit à propos.

Messieurs le Nain & du Vauroüy s'y trouverent le lendemain de Noël que Monsieur de Novion leur avoit marqué, mais il leur dit d'abord qu'ils ne pouvoient rien faire parce que Madame de Nemours ne luy avoit encore envoyé aucunes instructions, qu'il esperoit d'en avoir, puis qu'elle luy en avoit promis, que s'ils vouloient neanmoins on pourroit examiner les raisons de part & d'autre, & qu'il diroit de luy-mesme & sans en avoir eu ordre, ce qu'il en avoit autrefois oüy dire. Enfin aprés un examen assez long des pretentions de Madame de Nemours, il leur fit une proposition, en leur repetant qu'il la faisoit de son chef, qu'il ne sçavoit pas mesme si on y pourroit faire entrer Madame de Nemours, & qu'il les prioit neanmoins de la faire à Madame de Longueville.

Mais comme cette proposition estoit d'une nature qu'ils jugerent tout d'un coup que Madame de Longueville ne la devoit pas accepter, ils assurerent Monsieur de Novion par avance qu'elle ne le feroit pas, & qu'ils ne le luy conseilleroient pas, si elle leur faisoit l'honneur de leur en demander avis ; & en effet Madame de Longueville en fut fort surprise & la rejetta absolument.

Il n'est pas mal-aisé de deviner pourquoy Madame de Nemours ne voulut point entendre à cette Conference, puisque dans le mesme temps Molondin luy faisoit porter elle-mesme ses plaintes à Berne, & demander justice à ce Canton contre le Jugement des trois Estats, par une lettre qui merite d'estre icy inserée, & où l'on voit tous les traits de l'esprit de Molondin.

*Lettre écrite par Madame la Duchesse de Nemours
à Messieurs du Canton de Berne.*

Magnifiques & Puissans Seigneurs,

Quoy que vous ayez apris par le sieur de Molondin que i'ay envoyé à Vos Excellences, l'action qui s'est passée le vingt-septiéme Octobre dernier dans l'Assemblée des pretendus Estats de Neuf-Chastel; i'ay crû neanmoins estre obligée d'en informer moy-même Vos Excellences. Ie ne doute pas qu'elles n'ayent esté fort surprises d'aprendre que des subiets ayent osé pretendre de iuger des droits de la Souveraineté qui est contestée entre Madame ma Belle-mere & moy, mais l'étonnement doit avoir esté bien plus grand, quand Vos Excellences auront sceu que dans cette occasion on a violé en ma Personne le droit des gens, & toutes sortes de loix; les Envoyez de ma Belle-mere, qui n'y devoient assister qu'en qualité de parties, ont eu la temerité d'en estre les Iuges, & se sont rendus les Maistres de ces Estats avec une autorité si absoluë, qu'ils les ont contraints de rendre un Iugement, que l'on peut appeller l'ouvrage de l'iniquité; puis qu'aprés avoir voulu exciter le peuple d'attenter à la personne dudit sieur de Molondin, porteur de ma Procuration, & des Officiers que i'y ay envoyé, outragé des personnes de cette qualité d'injures les plus attroces, & les avoir detenus prisonniers pendant un long-temps, leur prononcerent enfin ce Iugement le plus informe qui fut iamais, par lequel non seulement ils ont decidé une si importante question, nonobstant l'incompetence proposée; mais pour consommer l'iniustice, ils ont condamné ledit sieur de Molondin à un bannissement, & declaré ses biens confisquez à la Seigneurie. C'est une inture qui blesse l'interest de tous les Souverains, mais qui regarde Vos Excellences, dont on a violé la Combourgeoisie : Ie ne doute pas que Vos Excellences ne rendent la Iustice d'un tort si considerable qui est fait,

La Combourgeoisie ne regarde que les differens entre le Prince & les Bourgeois de Neuf-Chastel.

Magnifiques & Puissans Seigneurs,
Vostre tres-humble & tres-affectionnée
servante, MARIE D'ORLEANS.

A Paris le 12. Decembre 1672.

E ij

Le même jour Madame de Nemours écrivit à peu prés les mémes choses aux autres Cantons alliez, & comme ces lettres devoient indubitablement estre veuës, il est inconcevable qu'un homme qui n'a pas perdu le sens ait osé y faire avancer â Madame de Nemours des choses si contraires à la vérité ; à la raison & aux maximes les plus certaines.

Car y eut-il jamais de suppositions plus hardies & moins vray-semblables que d'avoir ozé dire, comme on fait dans ces lettres, que les sieurs de Fontenay & David Procureurs de Madame de Longueville ayent esté Juges du differend qu'elle avoit avec Madame de Nemours, qu'au milieu d'une ville deux hommes ayent forcé les Estats de rendre un Jugement que ces lettres appellent la consommation de l'injustice ; & que ces deux mémes personnes qui venoient d'obtenir par ce Jugement, pour Madame de Longueville, tout ce qu'ils pouvoient pretendre, ayent eu la pensée de faire assassiner ceux que Madame de Nemours y avoit envoyez.

Quant ces accusations ne seroient pas aussi hors d'apparence qu'elles le sont par elles mémes, on pouroit juger aisément de la créance qu'elles meritent, parce que l'on fait dire à Madame de Nemours dans la même lettre qu'on avoit detenu ses Envoyez prisonniers pendant un long temps. Car cette longue détention se réduit à une heure, pendant laquelle Messieurs des Estats obligerent Molondin de demeurer dans sa maison, afin qu'on luy pust prononcer son Arrest.

L'on voit par là jusqu'à quel point l'emportement de Molondin luy fait confondre toutes choses : l'obligation de demeurer une heure dans sa maison s'appelle en son langage estré detenu prisonnier pendant un long temps, demander justice contre luy à ses Juges legitimes, qui est tout ce que les sieurs de Fontenay & David ont fait, c'est exciter le peuple d'attenter à sa personne, c'est l'outrager par les injures les plus atroces, prononcer un Jugement contre luy le plus doux qu'un Estat Souverain puisse prononcer contre un subjet rebellé,

c'eſt l'ouvrage de l'iniquité & la conſommation de l'inju-
ſtice.

Dans le même temps que Molondin fit écrire cette lettre, il engagea par ſes amis Meſſieurs du Canton de Berne
à envoyer une ſeconde fois à la ville de Neuf-Chaſtel,
pour demander une Conference pour le bien des deux villes ; & que la Combourgeoiſie les obligeoit de s'y trouver,
ils marquoient la ville de Berne comme le lieu le plus
propre pour cette Conference qu'ils pretendoient faire à
la my-Avril 1673.

Le deſſein de Molondin qui n'oſoit entrer dans les Etats,
eſtoit de tâcher durant cette Conference de gagner les
principaux du Conſeil de la Ville, & par eux de la diviſer
de ſon Souverain, & la porter à recevoir Madame de Nemours, qui devoit partir de France ſi toſt que Molondin
auroit ménagé les eſprits en ſa faveur, Mais le
Conſeil de la Ville ayant découvert ſans peine l'artifice
de Molondin, il y fut reſolu de ne pas accepter la Conference, & de le mander à Meſſieurs de Berne.

Toutes ces choſes ſe paſſoient au mois d'Avril 1673. au
commencement duquel Madame de Nemours partit de
France, avec un Paſſeport du Roy pour aller en Suiſſe, ce
qu'elle ne fit vray-ſemblablement que lorsque Molondin
l'eut avertie qu'il eſtoit temps de partir, & que toutes les
choſes eſtoient diſpoſées comme elle pouvoit ſouhaiter.

Madame de Longueville ayant eu avis des cabales de
Molondin, & des diſtributions d'argent que ſes emiſſaires
faiſoient dans le pays pour porter le peuple à la revolte,
& rendre Madame de Nemours maiſtreſſe des Eſtats à
quelque prix que ce fuſt, elle y envoya le ſieur de S. Micault Gouverneur du Chaſteau de Dijon, Gentil-homme fort ſage & de grande experience, & avec luy le ſieur
David Secretaire de ſes commandemens, qui n'eſtoit de
retour que depuis un mois, en leur ordonnant de ſe tenir
ſur la ſimple deffenſive, d'empécher ſeulement que Madame de Nemours n'entraſt dans les Eſtats, & d'y maintenir tout le monde dans le devoir.

Le Gouverneur & le Conſeil d'Eſtat prevoyant les mauvaifes fuites que pourroit avoir le voyage de Madame de Nemours, firent publier l'Ordonnance qui fuit , dont la lecture fera connoiftre la neceffité , & le peu de fonde- ment que Madame de Nemours a eu de s'en plaindre.

Mandement general pour conferver la Paix & l'union dans le Comté de Neuf-Chaftel,

Le Gouverneur & Lieutenant General en la Souveraineté de Neuf-Chaftel & Vallengin.

Il n'eft plus per- mis de veiller à la confervation du repos public, li l'on peut trouver à redire à ceMan- dement dans la conjoncture où l'on eftoit.

AU Maire de Vallengin ou à fon Lieutenant, falut: Ayans efté informez que l'on fait femer divers bruits prejudiciables à fon Alteffe Sereniffime Madame, & à Monfeigneur noftre Souverain Prince , & que l'on en publie d'autres à l'avantage de Madame la Ducheffe de Nemours , pour tâcher de troubler le repos de cét Eftat, & le jetter dans des confufions qui pourroient al- terer fon bonheur , Ayans d'ailleurs apris que quelques perfonnes entretiennent des correfpondances avec ceux qui font dans les interefts de Madame de Nemours , & qui s'efforcent de faire des cabales pour broüiller l'Eftat. Nous avons jugé à propos pour prevenir les funeftes fui- tes que cette licence pourroit avoir, d'y apporter les re- medes convenables. C'eft pourquoy par l'avis des gens du Confeil d'Eftat , nous faifons défences & inhibitions

A moins que de tenir les peuples dans le devoir par ces fortes de dé- fences , qui font des droits de la Souveraineté , il n'y a point d'E- ftat que la cabale & la licence ne puiffe jetter dans la confufion.

tres expreffes à toutes perfonnes de quelle qualité & con- dition qu'elles foient , de ne tenir aucuns difcours qui puiffent eftre contraires aux droits de fon Alteffe Serenif- fime Madame , ny à ceux de Monfeigneur noftre Souve- rain Prince, & de fouffrir pas qu'on en tienne en leur prefence qui puiffent leur eftre prejudiciables, ny à la Sentence que Meffieurs des trois Eftats ont renduë en leur faveur contre Madame la Ducheffe de Nemours , & fon Procureur, à peine d'eftre punis comme perturbateurs du repos public, & criminels de leze-Majefté, Sembla- blement nous défendons & prohibons à toutes fortes de perfonnes d'entretenir aucune correfpondance ny commerce avec Madame la Ducheſſe de Nemours, ſes Agens & Adherans, ſoit directement ou indirectement, par lettres ou autrement, à peine d'eſtre punis ſemblablement comme perturbateurs du repos public, & criminels de leze-Majeſté. Nous enjoignons au reſte à tous les ſubjets de ſon Alteſſe Sereniſſime, & habitans de cette Souveraineté, de taſcher de découvrir ceux qui ſement ces bruits, qui tiennent ces diſcours, & qui entretiennent ces correſpondances, & font ces cabales; leur ordonnant de nous en avertir promptement, à peine d'eſtre punis eux-meſmes, comme complices & adherans de ces ſeditieux. Et afin que perſonne ne pretende cauſe d'ignorance du contenu cy deſſus, Nous vous ordonnons d'en faire la publication Dimanche à la ſortie du Preſche en la forme ordinaire és lieux accouſtumez; c'eſt à quoy vous tiendrez la main, & n'y ferez faute à peine de nous en répondre. Donné en Conſeil tenu au Chaſteau de Neuf-Chaſtel le 25. Avril 1673.

Le ſieur de ſaint Micault ſe rendit à Neuf-Chaſtel le 29. du meſme mois, & trois jours aprés un Gentil-homme de Madame de Nemours y arriva avec une lettre d'elle pour la Ville, & ordre de demander de vive voix au Gouverneur logement pour elle dans le Chaſteau, & paſſage dans la Ville pour aller pourſuivre ſes affaires, conformément au Paſſeport du Roy, ce que le Gouverneur refuſa à ce Gentil-homme, à qui le Conſeil de Ville dit auſſi qu'ils n'avoient point de réponſe à faire à Madame de Nemours.

Ce Gentil-homme l'alla retrouver le lendemain à Morat petite ville ſeparée ſeulement de celle de Neuf-Chaſtel par le lac, où quelque menu peuple gagné par l'argent qu'on y avoit répandu, l'alla voir, & en fut regalé de bonne chere & quantité de careſſes: c'eſtoit le Capitaine Tribolet dépoſé d'une Mairie, pour s'eſtre declaré hautement pour elle; qui y faiſoit les honneurs.

Le Gouverneur qui ne vouloit pas eſtre ſurpris, donna cependant les ordres neceſſaires à ce que la milice du pays fut preſte pour marcher en cas qu'on entrepriſt quelque

chose par la force, & fit à toutes fins armer des bateaux
dont le lac fut bordé.

Le 4. May Madame de Nemours renvoya le même
Gentil-homme à Neuf-Chastel avec une seconde lettre
pour la Ville, qui demeurant ferme dans le service de son
Prince, arresta de ne luy faire aucune réponse, l'une &
l'autre lettre qui estoient sans doute l'ouvrage de Molondin meritent d'avoir place dans ce Memoire.

A nos chers & amez les quatre Ministraux Conseil & Quarante hommes de la ville de Neuf-Chastel.

CHers & amez, J'ay bien voulu vous aprendre ma
venuë en Suisse au suiet de mes pretentions, lesquelles quoy
que tres-iustes sont neanmoins extraordinairement traversées
par quelques mal intentionnez. Vostre attachement inviolable
pour moy & ma maison, m'est connü, & il ne vous a sans doute
pas permis d'aprouver de si estranges entreprises. Ie suis persuadée que vous n'avez pas oublié les bien-faits de mes ancestres,
aussi veux-ie bien vous assurer de mes dispositions au bien &
avantage de vostre Bourgeoisie, & de tout le pays en general,
dont ie vous donneray des preuves dans la suite des services fidel-
les que vous me rendrez, Quant aux interests de Monsieur mon
frere, ne doutez pas qu'ils ne me soient chers, & plaist à Dieu
qu'il fut en l'estat de profiter de la tendresse de mes sentimens,
mais ce qui vous est connu du passé, & ce que vous aprendrez cy-
aprés, vous fera connoistre que ceux qui s'opposent à mes intentions cherchent leur bien & non pas le sien, & couvrent de son
nom la poursutte de leurs propres interests ; vous sçaurez le reste
lors que ie seray plus prés de vous ; cependant soyez assurez de
ma bienveillance, & que i'auray un particulier souvenir des
preuves de fidelité que vous me rendrez en cette occasion, priant
Dieu qu'il vous tienne en sa sainte garde,

Vostre bonne amie,
MARIE D'ORLEANS.

A Liex ce dernier Avril 1673.　　　　Autre

Autre lettre adreßée aux mêmes.

CHers & amez, I'ay apris avec un eſtonnement, le peu de reſpect que le Conſeil a témoigné pour moy en la maniere dont il a uſé à mes lettres, & ie ſuis ſurpriſe auſſi que l'on allegue l'intereſt de Monſieur mon frere pour l'oppoſer à mes pretentions. Moy de qui la tendreſſe pour luy a paru à toute la terre, & qui ay eſté la ſeule que de tous ſes parens s'eſt oppoſée que l'on le voulut dépoüiller, & qui n'ay de pretentions que pour eſtre plus authoriſée à le mieux ſervir, ne pouvant avoir d'autres intereſts que les ſiens, ny de maiſon à enrichir de ſes dépoüilles. Ie voudrois qu'il fut en eſtat de profiter de mon extrème amitié & des bonnes intentions que i'ay pour luy, ie ſacrifierois tout ce que ie puis avoir au monde pour ſes moindres avantages, ie vous prie d'en eſtre aſſurez, & que ie ne commence point à avoir de la tendreſſe pour luy comme beaucoup d'autres, lors ſeulement que i'y trouve mes intereſts, que c'eſt pour les ſiens & pour ceux de la Comté que i'ay pris la fatigue d'un ſi long voyage, pour empeſcher que l'on la fit paſſer en des mains eſtrangeres, & faire ceſſer les mauvais traittemens qu'elle a ſouffert depuis la mort de Monſieur mon pere, & la traiter auſſi doucement qu'elle l'a eſté par tous ceux de ma maiſon, conſerver & augmenter leurs privileges, à ce ie ſuis principalement obligée par l'affection que la Bourgeoiſie m'a temoigné, priant Dieu qu'il vous ait en ſa ſainte garde, Voſtre bonne amie.

MARIE D'ORLEANS.

A Morat le 4. May 1673.

Le lendemain de la derniere de ces Lettres, Madame de Nemours écrivit à Meſſieurs de Berne, & voicy ce qu'elle leur mandoit.

MAgnifiques & Puiſſans Seigneurs, Ayant iugé que mon affaire concernant Neuf-Chaſtel demandoit ma preſence, & m'y eſtant acheminée, ie ſuis arrivée en ce lieu, où les fatigues du chemin m'ont obligé de faire ſeiour; les motifs qui m'ont portée à ce voyage ſont connus à Vos Excellences, & ie ſuis perſuadée qu'elles ne doutent pas de la iuſtice *de mes pretentions, mais parce que i'ay sceu que ceux du party contraire taschans de se justifier, leur ont envoyé une copie de la procedure par eux faite; ie croy qu'elle aura produit un effet tout contraire, & qu'elle aura encore fait voir à Vos Excellences, combien est estrange & odieuse leur conduite;* JE VOUS FERAY VOIR PAR CES MEMOIRES QUE J'AY FAIT POUR JUSTIFIER MON DROIT, QUI SANS DOUTE PAROISTRA TRES JUSTE A VOS EXCELLENCES, *mais cependant ie les prie de n'adjouster point de foy à ce qui leur pourroit estre dit au contraire, & d'estre persuadez de la sincerité de tout ce que ie leur diray, & sur tout des protestations que ie fais d'estre,*

Magnifiques & Puissans Seigneurs,

Vostre tres-affectionnée, Marie d'Orleans.
De Morat ce 5. May 1673.

Aprés cela Madame de Nemours ayant perdu l'esperance de pouvoir entrer dans Neuf-Chastel par le lac, elle crût qu'elle le pourroit plus facilement par le Landron où elle avoit quelques habitans attachez à ses interests. Elle se resolut donc de changer de poste & de s'aprocher du Landron : mais le Gouverneur averty de ce dessein y envoya le sixiéme May le sieur de saint Micaut pour s'asseurer de la place. Et comme l'arrivée de ce Gentil-homme au Landron rompoit les desseins qui avoient esté pris par ceux qui vouloient s'en rendre les maistres, & mener ensuite Madame de Nemours à Neuf-Chastel : ils resolurent à son insceu sans doute, de se saisir de la personne de ce Gentil-homme ou de l'assassiner, & la suite a fait voir qu'ils prirent ce dernier party.

Molondin avoit si peu douté du succés de l'entreprise sur le Landron, que lors que Madame de Nemours estoit arrivée à la Neufville le 8. May il luy avoit fait esperer qu'elle ne trouveroit aucun obstacle en sa marche : & quoy que les choses n'eussent pas reüssi comme on se l'estoit promis, il la maintint neanmoins dans cette resolution, sur ce qu'il ne doutoit point que les Communautez du Val du Ruz où il avoit quelque intelligence, ne luy fournissent des troupes pour forcer celles qui se pourroient oppofer à fon paffage. Ce fut dans cette efperance qu'il luy fit écrire en Souveraine à ces Communautez, le 10. May deux jours aprés l'affaffinat. Voicy ce que porte la lettre.

SOn Alteffe Sereniſſime Madame la Ducheſſe de Nemours fille de voſtre Souverain Prince. Aux Communautez du Val de R... , falut, ſçavoir faiſons , qu'ayant apris que vous devez vous aſſembler demain onziéme du preſent; I'ay voulu vous donner avis du deſſein que i'ay d'aller à Neuf-Chaſtel , parce qu'on m'a averty que les chemins ſont occupez par des Troupes, qu'on dit vouloir s'oppoſer à mon paſſage; Ie vous ay fait la preſente pour vous dire que vous ayez à m'envoyer en ce lieu de la Neufville des Deputez auſquels ie donneray les ordres neceſſaires pour la conduite de ma perſonne , eſperant que ne manquerez à me rendre vos devoirs & les honneurs que i'ay receu des Communautez mémes étrangeres où i'ay paſſé. Fait ce dixiéme May 1673.

It eſtoit bien permis d'avoir des Troupes pour s'oppoſer au paſſage de Madame de Nemours , qui vouloit uſurper un Eſtat qui ne luy appartenoit point, mais il ne luy eſtoit point permis de vouloir forcer ces troupes, & ce n'eſtoit pas l'intétion du Roy en luy donnant le Paſſeport

MARIE D'ORLEANS.

Pendant que Madame de Nemours donnoit ainſi ſes ordres, par les conſeils de Molondin, il agiſſoit de ſon côté à ſa maniere ordinaire , & employoit toutes ſortes de moyens & toutes ſortes de perſonnes pour gagner les Offiçiers, & faire ſoûlever les peuples. Il paroiſt entre-autres que pour ceux du Comté de Vallengin, il ſe ſervoit du miniſtere d'une femme de Neuf-Chaſtel , qui incontinent aprés l'affaffinat luy rendit compte de ſa negociation par une lettre, où elle l'appelle Monſeigneur le Gouverneur, & qui fait bien connoiſtre l'eſprit & la conduite de l'un & de l'autre , & de quel œil ils regardent les meurtres & les affaffinats. La Voicy.

Molondin met tout en œuvre pour ſoûlever le peuple.

MOnSEIGNEVR,
Ie demande pardon à V. G. ſi ie prends la liberté de tracer ces mots, par leſquels vous ſçaurez que i'ay parlé à tous les principaux de la Comté de Vallengin , auſquels i'ay dit s'ils ne vouloient pas maintenir leur parole , touchant la promeſſe

qu'ils m'avoient faite, & en mesme temps les ay informé de la bonté & generosité que cette illustre Princesse avoit pour eux; ils m'ont iuré qu'ils ne manqueroient iamais d'estre fideles, & qu'ils ne reconnoistroient iamais personne que ceux de l'illustre Maison d'Orleans. MONSEIGNEVR, ie n'oublieray pas de vous dire, que j'ay écrit au Maire Robert de la belle maniere, ne sçachant pas l'effet que ma lettre produira. La mort de saint Micaut a bien affligé ceux du Chasteau, particulierement David qui est inconsolable, & qui se fond en larmes. Le Maire dit qu'il voudroit estre mort six fois pour luy, pour moy ie n'en ay fait que rire, car en toute chose il faut un commencement, & souhaite qu'il eût encore ce que ie dirois avec. I'attend réponse des lettres, & ie me donneray l'honneur de vous aller voir: Ie demeure avec respect,

MONSEIGNEVR,

Voftre tres-humble, & tres-obeïffante fervante, Eftiennete Guainie.

Monfieur le Chancelier fe rend auffi bien que Girard.

A Monseigneur,
Monseigneur de Molondin Gouverneur.

Mais comme ces projets de Molondin n'avoient pas un auffi prompt fuccés qu'il le defiroit, il crût qu'il falloit pouffer les chofes aux dernieres extremitez; & pour cela il fit figner à Madame de Nemours un placard adreffé à tous Gouverneurs, Communautez & Subjets des Comtez de Neuf-Chaftel & Vallengin. Il y a fujet de prefumer que cette Princeffe ne voyoit pas les confequences de cét acte, mais il eft certain qu'il eftoit capable de mettre le feu par tout, d'armer les fubjets les uns contre les autres, & de caufer un boulverfement general dans l'Eftat. Car en voicy les propres termes.

SOn Alteffe Sereniffime Madame la Ducheffe de Nemours, à tous Gouverneurs, Communautez & fubiets des Comtez de Neuf-Chaftel & Valengin, falut : Defirant pourvoir aux grands defordres que caufent parmy vous quelques particuliers, qui fe difent compofer le Confeil d'Eftat, bien qu'il ne puiffe

Si ce n'eftoit là qu'un commencement, Molondin & ceux qu'il employoit vouloient aller bien loin.

Madame de Nemours dégrade de fon autorité les Eftats.

y en avoir de legitime, qui ne soit assemblé par nos ordres. Madame la Duchesse de Longueville, sous le nom de laquelle ils disent agir [a], *ne pouvant avoir aucune autorité par la qualité qu'on luy donne de Curatrice de Monsieur nostre frere, puisque l'administration de cette Souveraineté nous est deuë, comme plus proche, & par la loy & coustume du païs, qui veut que la Curatelle des biens paternels soit defferée aux parens paternels, & des maternels aux parens maternels; & partant nous vous mandons qu'incontinent & sans delay vous ayez à quiter les armes avec* [b] *deffenses d'obeïr audit pretendu Conseil, ny de recevoir aucuns ordres que les nostres; vous enjoignant de vous tenir prests à les venir recevoir à nostre premier mandement. Donné à la Neufville ce 13. May 1673. Signé,* MARIE D'ORLEANS, *& scellé de son cachet.*

[a] Elle oste de même à Madame de Longueville la qualité de Curatrice qui luy a esté donnée dans toutes les formes, & dont la coustume du païs exclud Madame de Nemours, bien loin qu'elle la luy donne.

[b] Y eut-il jamais rien de plus propre que cette deffense à tout bouleverser dans un Estat.

Molondin avoit medité ce placard pour ruiner l'autorité du Gouverneur, & en faisant perdre au peuple le respect & l'obeïssance deuë aux Magistrats, faciliter dans une confusion generale l'entrée de la ville de Neuf-Chastel à Madame de Nemours, & s'il n'eût eu cette veuë, il ne l'auroit pas fait parler de la sorte Car il sçavoit assez que cette Curatelle ne luy pouvoit appartenir, tant parce que la coustume du païs n'y admet de femmes, comme il a esté dit, que les meres & grand'meres, que parce que par la même coustume les parens qui ont confirmé à Madame de Longueville la Curatelle qu'elle avoit naturellement, avoient même pouvoir de nommer qui bon leur eût semblé, & même un étranger.

[margin: Les attestations de la coûtume de Neuf-Chastel portent, que les parens peuvent nommer pour Curateurs qui bon leur semble, & même des étrangers.]

Et de plus, quand Madame de Nemours auroit eu quelque droit à la Curatelle, auroit-elle pû se faire ainsi Juge en sa propre cause, & se la donner elle même, en l'ôtant de son autorité à Madame de Longueville?

Le bruit de l'assassinat du sieur de saint Micaut estant répandu dans les Cantons, y donna de l'horreur & de l'indignation, & comme on l'imputoit aux gens de Madame de Nemours, elle se crût obligée pour les en justifier, d'écrire la lettre suivante aux Cantons.

MAGNIFIQUES & PUISSANS SEIGNEURS,

J'ay crû estre obligée, comme une bonne voisine & alliée, de vous donner avis des violences dont on use contre moy, pour empêcher de me rendre à Neuf-Chastel, en consequence du Passeport du Roy, & qu'estant arrivée à la Neufville le 8. de ce mois, dont je devois partir le lendemain, ne croyant pas trouver d'obstacle en ma marche. Je diray à Vos Excellences, qu'un nommé de saint Micaut s'est trouvé dans le Chasteau de Neuf-Chastel, lequel a fait assembler beaucoup de Troupes sous le nom d'Affry, & a marché huit jours durant de Chastelnie en Chastelnie, pour exciter tous les peuples à prendre les armes contre moy, dont la preuve est facile à connoistre par le commandement donné à tous les Capitaines; lesquels ont marché peut-estre sans ordre par écrit. Et pour marque de la derniere violence exercée envers moy, c'est le Mandement dont ce Gentil-homme est chargé; il en remettra une copie entre les mains de Vos Excellences, & leur dira que même ils m'ont interdit & à ma suite, d'oüir Messe aux jours de Commandement dans une Eglise, hors de la ville du Landron; & quant à la mort dudit saint Micaut, qu'ils ont l'imprudence de vouloir imputer à mes gens, Vos Excellences sçavent que ledit sieur de saint Micaut estoit dans la ville de Landron, avec soixante Mousquetaires qu'il avoit amenez, avec lesquels il s'estoit rendu maistre dudit Landron; là où ayant posé tous les Corps-de-Garde & sentinelles pour sa seureté, il envoya ordre au Lieutenant Layer de saint Blaise de marcher avec des soldats, lequel Lieutenant estoit arrivé à la teste de ses gens à la seconde porte du Landron, où ledit saint Micaut l'attendoit, & avoit fait fermer la grande porte, luy passant le premier par la petite porte, luy dit, passé le premier par la petite porte; & lors qu'il fut entré referma ladite petite porte, luy disant, vous estes bien effronté de venir icy, après avoir parlé de Madame de Nemours au prejudice des deffenses qui ont esté publiees, & je vous arreste prisonnier, marque qu'il estoit maistre dudit lieu; & sur ce, les soldats auparavant conduits par ledit Lieutenant hors la porte, crierent qu'on rende nostre Commandant, surquoy survint le fils dudit d'Affry, qui estoit hors de la Ville, lequel fut *pris & arresté par lesdits soldats, & l'échange en fut faite ensuite pour rendre ledit Lieutenant à la teste des Soldats. Sur les quatre à cinq heures du soir les portes de la Ville ayant esté fermées, & les clefs estant entre les mains dudit saint Micaut, il s'est trouvé tué au milieu de ses soixante Mousquetaires, sans qu'il y ait eu un seul coup tiré, ny aucune émotion ; sa mort a esté infailliblement causée par les menaces qu'il faisoit de mettre à feu & à sang la Ville si les Bourgeois ne prenoient les armes contre moy. Vos Excellences remarqueront depuis que ledit saint Micaut s'estoit saisi des clefs des portes, elles n'ont esté ouvertes, quoy que mort, & le fils du Gouverneur resté dans la Ville, que le lendemain à neuf heures du matin où estoient survenus les Officiers du Chasteau de Neuf-Chastel, par où Vos Excellences pourront iuger de l'imposture de ces gens-là, & du peu de fondement qu'ils ont de vous demander du secours contre moy, qui n'ay que ma suite ordinaire, & qui n'ay dans tout mon procedé cherché qu'à observer & maintenir nostre ancienne intelligence & alliance, & que ie feray toûjours paroistre comme estant toûjours.*

Magnifiques & Puissans Seigneurs,

La tres-affectionnee servante,
Marie d'Orleans.

De la Neufville ce 14. May 1673.

Le Gouverneur craignant le soûlevement du menu peuple & de la canaille, par l'argent que Molondin leur faisoit distribuer, se crût obligé d'écrire aux Cantons de Berne, Fribourg & Soleure, pour les instruire de l'estat des choses, & leur demander du secours contre la violence dont ils estoient menacez. Ils envoyerent aussi-tost leurs Deputez à Neuf-Chastel, qui jugerent que l'unique remede pour appaiser l'émotion des esprits & restablir le calme par tout, estoit de prier Madame de Nemours de s'éloigner de la frontiere de l'Estat, & comme ils l'allerent trouver à la Neufville pour luy en faire la proposition, Molondin luy inspira une réponse digne de luy & des pensées en laquelle il l'avoit entretenuë ; car elle leur dit, Qu'elle estoit fort surprise qu'ils luy fussent venu faire une

...ondin la fait ré- *semblable proposition, qu'elle estoit Souveraine, & que sa* *pondre d'une ma-* *Souveraineté ne relevoit que de Dieu, qu'elle n'estoit point dans* *niere qui mar-* *leurs Estats, qu'elle ne vouloit ny faire ny écouter aucune pro-* *quoit bien qu'el-* *position. Que tout le monde la souhaitoit dans les Estats de* *le ne pensoit pas* *Neuf-Chastel, que dix-huit Communautez s'estoient desja de-* *à faire juger le* *clarée pour elle, & que la ville de Neuf-Chastel la viendroit* *procez par Mes-* *querir: qu'il n'y avoit que quelques gens de neant qui s'oppo-* *sieurs de Berne,* *soient aux volontez de ses bons subiets: qu'elle sçavoit bien les* *comme eux-mê-* *punir, qu'ils feroient mieux d'implorer sa misericorde, & de* *me par cette* *luy venir demander pardon à genoux, & qu'elle leur feroit* *priere ne pou-* *grace à la priere de Messieurs les Deputez des Cantons.* *voient pas à en* *estre les Juges.*

Elle aiousta que le meilleur titre des Souverains estoit la pos-
session, qu'elle commenceroit par s'y mettre, & qu'elle auroit
des amis qui l'y maintiendroient, que le Roy estoit Roy de Na-
varre, & le Duc de Savoye Roy de Chipre, mais qu'ils n'en
avoient pas la possession, & que Monsieur son frere seroit ainsi
Souverain de Neuf-Chastel.

Madame de Longueville suplie sa Majesté de rappeller Madame de Nemours, & de leur faire l'honneur de connoistre de leurs differens

Dans ce même temps Madame de Longueville ayant eu avis de l'assassinat de Monsieur de saint Micaut, dont elle prevoyoit de grandes suites, écrivit à Sa Majesté, & la suplia pour faire cesser tous ces desordres, de rappeller Madame de Nemours en France, & de leur faire l'honneur de connoistre de leurs differens. C'est sur cela que Sa Majesté envoya à Neuf-Chastel le sieur de Gombauld, un de ses Gentils-hommes ordinaires, & écrivit à Madame de Nemours, qu'il desiroit qu'elle revint en France, & qu'elle laissast ou remist à Neuf-Chastel les choses au même estat qu'elles y estoient avant son arrivée.

Le sieur de Gombauld va à Neuf-Chastel par ordre de sa Majesté, & trouve les choses dans un grand desordre.

L'estat des choses y estoit en effet bien differend de ce qu'on les avoit veuës un peu auparavant. Ce n'estoit plus par les cabales de Molondin, que desordre & confusion; & le peuple y avoit pris une telle licence, qu'il estoit capable de tout entreprendre, s'il n'eust esté retenu par la presence des Deputez des Cantons, qui trouverent neanmoins le peril si grand, qu'ils firent partir quelques-uns d'entre-eux pour l'aller representer à leurs Superieurs, & leur demander du secours, sans lequel ils ne se trouvoient pas eux-mêmes en seureté.

Voila

Voila l'eſtat où le ſieur de Gombauld trouva cette viïle en y arrivant le vingt-cinquiéme de May. Il alla le lendemain à la Neufville, & rendit la lettre du Roy à Madame de Nemours, qui fit réponſe à Sa Majeſté, qu'elle s'en retourneroit en France pour luy obeïr. Mais elle demanda au ſieur de Gombauld, que l'on n'uſaſt d'aucune violence contre les ſubjets du Comté de Neuf-Chaſtel, qui s'eſtoient declarez pour elle, & qu'on ne les rechercheſt par quelque voye que ce fuſt. Il luy fit eſperer qu'on luy accorderoit ce qu'elle demandoit ſur ce point, mais comme il luy ſembla que cette propoſition pouvoit regarder le rappel du ſieur de Molondin, & mettre à couvert les aſſaſſins de ſieur de ſaint Micaut, il les en excepta formellement; & fit connoiſtre à Madame de Nemours qu'elle ne pouvoit parler pour les complices de cét aſſaſſinat, puiſque c'eſtoit une affaire particuliere qui ne la regardoit pas, & dont elle aſſuroit n'avoir eu aucune connoiſſance, ny ſes domeſtiques aucune part, Madame de Nemours ſe rendant à ces raiſons, luy témoigna qu'elle ne donneroit ny protection ny retraite aux coupables.

Le ſieur de Gombauld repreſenta auſſi à Madame de Nemours, que n'ayant eu d'ordre du Roy que pour le rétabliſſement de ce qui pouvoit s'eſtre fait depuis qu'elle eſtoit arrivée en Suiſſe, il ne pouvoit prendre connoiſſance du banniſſement de Molondin, le Jugement ayant eſté rendu long-temps auparauant.

Madame de Nemours partit donc de la Neufville le trentiéme May pour s'en retourner en France. Molondin luy perſuada de laiſſer ſaint Cyr dans le païs, ſous pretexte d'y faire faire une information, mais en effet pour y continuer tous deux enſemble leurs cabales, & y entretenir le trouble. Ce ſaint Cyr eſtoit ſans doute tres-propre à ſeconder en cela Molondin, & l'Arreſt de mort rendu contre luy au Parlement de Paris pour avoir aſſaſſiné ſur le Pont-neuf le St du Livet, en eſt une marque indubitable.

Mais Sa Majeſté eſtant informée du commerce & des conferences frequentes que S. Cyr avoit avec Molondin & les ſeditieux, & mêmes avec les auteurs de l'aſſaſſinat, fit

écrire à M. de Nemours de rappeler S. Cyr, & de defendre à Molondin de se mêler de ses affaires, ce qui n'a esté
executé qu'à l'égard de saint Cyr, Molondin n'ayant pas
laissé de continüer secretement ses cabales, & de fomen-
ter la division. Voila dans la verité comme les choses se
sont passées.

Il ne reste donc plus que de voir ce qu'il y a à terminer
entre Madame de Longueville & Madame de Nemours,
& d'abord il est visible que tout le differend se reduit à un
point unique, & independant de ce qui vient d'estre dit,
à sçavoir si ce Jugement a esté rendu par des Juges incompetens.

Si les trois Estats n'ont point excedé leur pouvoir, la
chose est jugée sans qu'il y ait de Tribunal au monde où
Madame de Nemours s'en puisse plaindre. Mais elle pretend qu'ils n'ont pû estre ses Juges; & comme il ne restoit
plus que les voyes de fait pour la decision de ce differend,
qu'on avoit déja vû des suites funestes, & qu'il y en avoit
d'infiniment plus grandes à craindre, sa Majesté pour en
arrester le cours, comme il a esté dit, a bien voulu prendre
connoissance de l'affaire sur la tres-humble suplication que
Madame de Longueville luy en a faite.

C'est donc là presentement le point unique du differend,
& ce point dépend de deux questions également simples
& aisées à decider; l'une de sçavoir si lors qu'une Souveraineté se trouve en dispute entre plusieurs pretendans,
c'est aux Estats du païs à en juger, ou s'il faut avoir recours à des étrangers.

L'autre s'il y a quelque raison particuliere pour le Comté de Neuf-Chastel, qui rende les Estats incompetens à
l'égard des differens qui peuvent naistre pour cette Souveraineté.

La premiere n'est particuliere, ny à Madame de Longueville ny aux Estats de Neuf-Chastel. Il s'y agist proprement du droit de toutes les Souverainetez du monde,
car s'il estoit possible de mettre en doute que pour juger
entre deux pretendans à qui appartient un Estat Souverain, il ne s'en fallut rapporter aux Estats qui le composent

ce seroit en même temps degrader cét Estat, & de Souverain le rendre subjet du Juge, dont on voudroit qu'il subit le jugement.

Non seulement tout ce qui s'est pratiqué à cét égard depuis qu'il y a des Souverainetez, au moins tant que la force n'y a point eu de part détruit une telle petention, mais encore la nature même de la Souveraineté qui n'étant soûmise qu'à soy-même & aux loix qu'elle s'est faite, ne peut recevoir un maistre que de soy-méme & de ces mêmes loix.

Car enfin lors qu'il vient à estre incertain à qui d'entre deux pretendans un Estat Souverain appartient, ny ceux qui les composent ne deviennent subjets d'un autre Prince qui puisse disposer de leur obeïssance ; ny ces pretendans ne deviennent subjets eux-mêmes, en sorte qu'ils puissent recevoir de qui que ce soit un droit que rien ne peut oster à l'un des deux. Tout ce qui arrive alors c'est que la contestation de ce droit, en suspendant les fonctions dans la personne d'un Souverain, l'autorité retourne naturellement aux subjets, non pas pour la retenir, mais pour mettre en évidence à qui d'entre les pretendans elle est legitimement devoluë, & la luy remettre ensuite entre les mains.

Il ne seroit pas difficile d'appuyer d'une infinité d'exemples une verité si constante par les lumieres de la raison, mais il suffit de se souvenir que ce fut par les Estats du Royaume de France que se termina, apres la mort de Charles le Bel, la fameuse contestation d'entre Philipes de Valois & le Roy d'Angleterre, & que ces Estats tous subjets qu'ils estoient de celuy en faveur duquel ils prononcerent, ne laisserent pas d'estre juges du different.

Pour la seconde question qui est plus encore, l'affaire de la Souveraineté de Neuf-Chastel que de Madame la Duchesse de Longueville, elle n'est pas plus mal-aisée à decider. C'est une Souveraineté, Madame de Nemours elle-même n'en disconvient pas, & Molondin dont elle a fait les conseils & les mouvemens dans toute cette affaire ne niera pas que le Comté de Neuf-Chastel ne soit

Que rien ne distingue à cét égard la Souveraineté de Neuf-Chastel de toutes les Souverainetez du monde.

auſſi Souverain que tous les autres membres du corps hel-
vetique. Il ne s'agit donc plus que de ſçavoir s'il s'eſt de-
gradé luy-même, & ſi par quelque traité il a renoncé en
quelque choſe aux droits naturels de la Souveraineté, ſans
quoy ny le conſentement de Madame de Longueville, ny
l'authorité de quelque Tribunal que ce ſoit n'y ſçauroit
donner d'ateinte.

Que le traité de Combourgeoiſie confirme la competence des Eſtats bien loin qu'ils y puiſſe donner atteinte.

Molondin allegue le traité de Combourgeoiſie paſſé en
1406. entre les Comtes de Neuf-Chaſtel, & Meſſieurs du
Canton de Berne. C'eſt l'unique titre ſur lequel il apuye
cette prétenduë incompetence, mais cette piece même
ſuffiroit pour faire voir la competence des trois Eſtats
dans l'affaire dont il s'agit; puiſque par cét acte les Princes
de Neuf-Chaſtel n'ont ſoûmis à l'arbitrage & au jugement de l'Advoyer & du Conſeil de Berne, que les differens qui pourroient naiſtre entr'eux, & la Communauté des Bourgeois de Neuf Chaſtel en general, & rien
davantage. Voicy les propres termes de ce traité.

Extrait des Combourgeoiſies entre les Comtes de Neuf-Chaſtel, les habitans de la ville de Neuf-Chaſtel en general, & Meſſieurs du Canton de Berne.

La reception des Bourgeois de Neuf-Chaſtel pour eſtre Bourgeois de Berne.

NOus l'Advoyer & Conſeil de la ville & Canton
de Berne, ſçavoir faiſons à tous qui la preſente verront, liront ou entendront lire, que nous pour bonne conſideration, & pour la ſinguliere amitié que nous portons
aux prudens & ſages les Bourgeois de Neuf-Chaſtel au
Dioceſe de Lauzanne, avons receu leſdits de Neuf-Chaſtel, tant ceux qui reſident en ladite Ville que dehors &
en reſſortiſſans, pour nos perpetuels Bourgeois, en vertu
de la preſente avec toute aſſeurance à ce de couſtume &
de droit neceſſaires.

Item. A esté ouvertement dit , que si ledit Seigneur Conrad de Fribourg ou ses hoirs & successeurs , eut quelque debats & differens avec lesdits *de Neuf-Chastel en general,* ou iceux de Neuf-Chastel contre ledit sieur Comte ou ses hoirs & successeurs , alors les parties les devront rapporter pardevant nous lesdits de Berne, & nous serons obligez d'en rendre nostre connoissance , & ce qui ainsi sera ordonné & connu par nous de Berne , icelles parties seront tenuës & liées de l'observer formellement. Mais si l'une des parties dédaignoit d'y obeïr & satisfaire, nous devons & voulons maintenir , & selon nostre pouvoir défendre la partie obeïssante contre la partie desobeïssante & contumace.

Et pour les predites choses toutes & chacunes, comme ellesont esté cy-devant clairement décrites, à tout jamais, & tant que lesdites villes de Berne & Neuf-Chastel seront en estre & dureront à observer inviolablement, tenir & y satisfaire , nous les predits de Berne nous obligeons pour nous & tous nos successeurs, par nos sermens. Et en vertu & perpetuelle memoire de toutes les choses predites, nous lesdits Advoyer; Conseil & Communauté, avons icy fait apposer le scel de nostre ville. Donné & fait en nostredite ville de Berne. Vendredy veille de saint George 1406.

La Bourgeoisie de la ville de Neuf-Chastel avec la ville de Berne.

NOus les Bourgeois & toute la Communauté de Neuf-Chastel au Diocese de Lausanne , tant ceux de dehors , que les habitans & manans en ladite Ville, voulons & desirons estre notifié à tous & un chacun , qui contempleront & orront ces presentes lettres, que procedans d'un sain & deliberé Conseil , & considerans diligemment l'utilité & honneur de nous & de nostredite ville, nous avons au sceu & par le consentement de genereux & puissant Seigneur Conrad de Fribourg Comte & Seigneur de Neuf-Chastel, nostre generosissime Seigneur, pour nous & nos successeurs universels, tous & chacuns autres qui appartienne à noſtre predite ville ; tant ceux de dehors que les incoles , y manans & habitans , comme hommes libres ſpontanément & volontairement prins & accepté , & par ces preſentes recevons & acceptons, fermement & avec toute caution en icelles deuë & neceſſaire, ſoit de droit ou de fait. A ſçavoir une perpetuelle Bourgeoiſie avec la loüable ville de Berne au Dioceſe dudit Lauſanne.

Il a auſſi eſté dit manifeſtement, que ſi le predit noſtre Seigneur Conrad de Fribourg ſes hoirs & ſucceſſeurs cy-aprés avoient petition & diſcorde contre *nous les predits de Neuf-Chaſtel en general* , ou nous de Neuf-Chaſtel, contre ledit Seigneur , ſes heritiers & ſucceſſeurs, nous devrons telles petitions & difficultez propoſer à l'Avoyer & au Conſeil de Berne . & nous tenir au jugement & connoiſſance que de ce ils rendront en ſatisfaiſant & obtemperant plainement à icelle. Et ſi l'une des parties mépriſoit d'y obtemperer & ſatisfaire , lors noſdits Seigneurs de Berne devront ſoutenir & maintenir la partie obeïſſante contre l'autre , pour faire valoir ce qu'ils auront entr'elles ordonné & jugé.

Et pour memoire perpetuelle de ces choſes, comme auſſi pour évident témoignage & corroboration de toutes & chacunes choſes promiſes , nous leſdits Bourgeois de Neuf Chaſtel avons fait mettre le ſcel de noſtre ville aux preſentes , & avons auſſi prié les Venerables Seigneurs en Chriſt du Chapitre de l'Egliſe de Neuf-Chaſtel ; d'appoſer de méme le ſcel dudit Chapitre, pour nous és preſentes. Ce que nous ledit Chapitre à la requeſte deſdits Bourgeois de Neuf-Chaſtel , reconnoiſſons avoir fait , toutefois ſans le grief & prejudice de noſtre Egliſe. Données, & paſſées à Berne la ſixiéme ferie avant la feſte ſaint George , l'an de Noſtre Seigneur 1406.

La Combourgeoisie d'entre Conrad Comte de Neuf-Chastel & le Canton de Berne.

AU nom de Dieu. Amen. Nous Comte Conrad de Fribourg, Comte & Seigneur de Neuf-Chastel d'une part, & nous l'Advoyer, Conseil & Bourgeois & Communauté generalement de la ville de Berne d'autre part, faisons sçavoir à tous, qui les presentes lettres verront ou orront lire, à present ou à l'avenir; que nous des deux costez une perpetuelle loyale amitié avons arrestée, en termes & conditions cy-aprés écrites. Premierement, avons nous ledit Comte Conrad de Fribourg pour nous nos hoirs & tous nos successeurs (lesquels aussi à ce fermement obligeons,) en la predite ville de Berne, une perpetuelle Bourgeoisie à nous acceptée & receuë, pour nostre utilité & de tous les nostres, honneur & conservation commune de nostre païs, & de nos gens, laquelle Bourgeoisie incontinent pour nous, tous nos hoirs, & successeurs, corporellement par le nom de Dieu, avons promise & jurée d'observer d'icy perpetuellement à jamais fermement & invariablement, & de en icelle perpetuellement demeurer.

Nous le predit Comte Conrad confessons aussi, puisque le Prevost Chapitre & les Bourgeois en general de nostre ville de Neuf-Chastel, cy-devant desdits de Berne perpetuels Bourgeois sont advenus de nostre consentement, & perpetuelle Bourgeoisie y ont promise & jurée, à l'observer perpetuellement. Pour ce est-il, que si nous, nos hoirs ou successeurs, par cy-aprés aucune action ou differend avec les Predits Prevost & Chapitre, ou *les Bourgeois de la ville de Neuf-Chastel* aurons, ou eux reciproquement contre nous, icelles actions & querelles devons nous respectivement sans delay, rapporter pardevant l'Advoyer & Conseil de la ville de Berne, & ce que lors entre nous sur ce sera prononcé & sentencé, nous devons d'un costé, & d'autre fermement tenir : Et ne voulant l'une des parties lors acquiescer n'y satisfaire, à ce que par le Conseil de Berne auroit esté prononcé, lors doivent lesdits de

Berne l'obeïssante partie jouxte leur Sentence maintenir contre la partie defobeïssante fans colere.

Et pour les chofes premifes fermement tenir & garder, fans à icelle jamais contrevenir, obligeons nous ledit Comte Conrad, nous nos hoirs & fucceffeurs. Et auffi nous lefdits de Berne, nous & nos fucceffeurs, par noftre bonne foy, fans aucun dol, chacune de nous les parties à l'autre en vrais principaux & plaiges validement par ces prefentes, Et pour defdites chofes perpetuelle reconnoiffance & ferme témoignage, avons nous ledit Conrad Comte de Fribourg noftre propre fcel, & nous les predits de Berne le fcel de noftre ville pour nous, commandé pendre à ces lettres, paffées doubles femblables, à chaque partie une. Donné & fait à Berne le Vendredy veille de faint George l'an 1406.

QU'on examine tant que l'on voudra ce traité, on n'y trouvera aucune autre jurifdiction attribuée à Mrs de Berne que celle-là, qui de tous les differens qui pourroient naiftre dans les Eftats de Neuf-Chaftel, ne fçauroit regarder que ceux où le Prince feroit partie d'une part, & les Bourgeois de Neuf-Chaftel de l'autre : l'unique motif qui a fait confentir les intereffez à cét arbitrage n'ayant efté que le defir d'entretenir une ferme paix entre le Souverain & les fujets.

Il faut bien remarquer que ce droit de juger n'appartient à ceux de Berne par aucun titre. Il leur a efté volontairement deferé par les Princes de Neuf-Chaftel, qui n'ont rien fait en cela qui n'ait efté autrefois pratiqué par les Rois de Dannemarc, qui ont deferé de même à ceux de Suede par les traitez folemnels, la connoiffance des differens qui pourroient naiftre entr'eux & leur Senat, & ce que les Rois de Suede ont fait auffi à l'égard des Rois de Dannemarc. Il fe trouve encore en Allemagne plufieurs exemples, de pareilles conventions des Princes avec leurs fubjets, & même depuis le commencement de ce fiecle, les Comtes & Princes d'Ooftfrife & d'Embden, & les Eftats d'Ooftfrife & les Bourgeois d'Embdem qui

font

font leurs ſujets, en faiſant alliance avec la Republique
des Provinces Unies de Païs-bas, l'ont conſtituée Juge
des demeſlez qu'ils pouroient avoir enſemble, & cela à
perpetuité.

Mais comme ces attributions de connoiſſance ſont abſolument volontaires, quoy qu'elles ſoient pour toûjours,
elles ne diminüent en rien la Souveraineté de ceux qui
ont bien voulu convenir de ces arbitres, parce qu'elles
n'ont pour fondement que la raiſon naturelle qui ne veut
pas qu'aucun ſoit Juge en ſa propre cauſe, & non pas une
ſuperiorité réelle qui ſoit dans celuy que l'on reconnoiſt
pour arbitre,

C'eſt par cette même raiſon que les Rois mêmes, &
tous les autres Princes Chreſtiens qui ont quelque differend avec leurs ſujets ne les jugent jamais eux-même, &
les font toûjours decider par des Officiers & des Magi-
ſtrats, qui ont ordre de n'avoir égard qu'à la Juſtice, ſans
pancher plûtoſt du coſté du Souverain que de celuy des
ſubjets. Mais comme dans les Eſtats de peu d'eſtenduë,
lorſque le Souverain à quelque démélé auec ſa ville Capi-
tale ou quelque autre Corps ou Communauté, qui ſou-
vent fait la meilleure & plus grande partie de ſon Eſtat, il
eſt difficile de trouver dans ſon territoire des Juges, non
ſuſpects, & qui ne ſoient point interreſſez dans ce differend, cela engage les Souverains & les principales Villes
& Communautez des petites Souverainetez, pour nourrir
la paix entre le chef & les membres, à convenir de s'en
raporter au jugement de quelque voiſin & allié. C'eſt tout
ce que les Comtes de Neuf-Chaſtel ont fait, en s'alliant
avec le Canton de Berne ; & ce ſeroit renverſer la nature
de ce traité que de l'eſtendre plus loin, & d'y comprendre
d'autres differens que ceux qui y ſont marquez.

Les traitez dans leſquels un Souverain attribuë volontairement à un autre une eſpece de juriſdiction qui ne luy
appartenoit point ſont de droit eſtroit, & même *ſtrictiſſimi
Iuris*, tout ce qui n'y eſt pas formellement contenu en eſt
exclus. Il ne faut donc que voir les termes de celuy par
lequel les Princes de Neuf-Chaſtel ont remis certains

H

differens à l'arbitrage du Canton de Berne. Il n'y est parlé que des differens qui seront entre les Princes Souverains & les Bourgeois de Neuf-Chastel, & rien de tout cela ne se rencontre dans la contestation presente.

Le traité s'entend naturellement d'un Prince certain, legitime & reconnu.

Madame de Nemours n'est point Princesse legitime de ces Estats, & bien loin d'y estre reconnuë, les Estats se sont declarez contre-elle.

Le traité s'entend de differens entre le Prince & les Bourgeois de Neuf-Chastel, & Madame de Nemours est en differend avec le Souverain legitime de Neuf-Chastel. Quelle apparence donc de vouloir confondre des choses si differentes, & de pretendre qu'en vertu d'un traité qui rend le Canton de Berne arbitre des differens entre le Prince & les Bourgeois de Neuf-Chastel, ce Canton ait droit de connoistre d'un autre differend où le Prince legitime ne demande rien aux Bourgeois de Neuf-Chastel, où les Bourgeois de Neuf-Chastel ne refusent rien à leur Prince legitime, & dans lequel ils sont parfaitement unis contre Madame de Nemours, qui sur des pretentions imaginaires voudroit priver le Prince legitime de sa Souveraineté, & en dépoüiller même tout l'Estat en l'assujettissant absolument au Canton de Berne.

Il n'y a donc rien dans ce traité de Combourgeoisie qui donne lieu d'attribuer au Canton de Berne la connoissance de ces sortes de differens qui appartient aux trois Estats de Neuf-Chastel par le droit commun & par la nature de tous les Estats Souverains : aussi n'estoit-il jamais venu dans l'esprit de personne jusques à Molondin, d'avoir recours à ce Canton pour l'investiture du Comté de Neuf-Chastel, & il se trouve au contraire que le droit des trois Estats n'est pas seulement estably par le droit commun & par la raison, mais aussi par une possession effectuée de ce droit qu'ils ont eu lieu d'exercer dans plusieurs exemples signalez que Molondin sans doute n'a pû ignorer.

Car on a vû dans le recit du fait, que sur les differens qui arriverent après la mort de François d'Orleans Duc

Exemples qui confirment que les Estats de

de Longueville entre la Reine Doüairiere d'Ecoſſe ſa mere, Jaqueline de Rohan Tutrice de Leonor d'Orleans ſon fils & Jacques de Savoye Duc de Nemours fils de Charlotte d'Orleans ſes couſins germains pour la ſucceſſion du Comté de Neuf-Chaſtel, la conteſtation en fut portée devãt les troisEſtats qui la reglerent de la maniere qu'il a déja eſté dit, ſur quoy Stetler dans ſes Annales de Suiſſe fait une remarque importante & deciſive de ce differend. Car il rapporte que la Reine d'Ecoſſe s'eſtant pourvuë pour le même ſujet au Parlement de Paris ; Meſſieurs de Berne en écrivirent au Roy Henry II. & luy repreſenterent quelle eſtoit la couſtume du Comté de Neuf-Chaſtel, & combien la procedure tenuë au Parlement de Paris eſtoit contraire aux alliances helvetiques, enſuite de quoy la connoiſſance de l'affaire fut renvoyée aux trois Eſtats de Neuf-Chaſtel, que cét Hiſtorien appelle la Juſtice ſupréme du païs.

Neuf-Chaſtel ont toûjours jugé des differens qui naiſſoient pour cette Souveraineté,

Meſſieurs de Berne demandent eux-mêmes au Roy Henry II. que la conteſtation formées ſur ce ſujet au Parlement de Paris, ſoit renvoyée aux Eſtats comme elle le fut en effet.

On ne ſçauroit ſouhaiter un exemple plus precis & plus formel que celuy-là pour eſtablir la competence des Eſtats de Neuf-Chaſtel, puis qu'il renferme en même-temps & l'uſage ſolemnel de ce droit par les Eſtats de Neuf-Chaſtel, & la reconnoiſſance de ce droit par les Princes qui pretendoient à cette Souveraineté, par le Roy Henry II. qui ſe crût obligé d'y renvoyer le differend, & par le Canton de Berne, qui bien loin de s'attribuer le droit d'en connoiſtre, en ſollicita luy-même auprés de Henry II. le renvoy aux trois Eſtats de Neuf-Chaſtel ; comme à la ſuprême Juſtice du païs.

On trouve encore en 1601. un exemple ſignalé de la poſſeſſion où les Eſtats de Neuf-Chaſtel ont toûjours eſté de juger ces differens & qui decide abſolument leur competence : car aprés la mort de Madame Marie de Bourbon, feu Monſieur le Duc de Longueville ayant pretendu la totalité de la Souveraineté de Neuf-Chaſtel, Monſieur ſon oncle la moitié & ſes tantes leurs parts & portions, ils ſe preſenterent tous devant les trois Eſtats, & demanderent tous la miſe en poſſeſſion & l'inveſtiture, & les Eſtats leur ayant donné jour, le Comté demeura à Monſieur de Longueville , comme on a vû cy-devant.

C'eſt doncune viſion toute nouvelle de Molondin que *ce pretendu droit du Canton de Berne* & cette incompetence des Eſtats. Jamais aucun des Princes qui ont eû beſoin d'inveſtiture n'a eû le penſée de la demander à Meſſieurs de Berne , jamais Meſſieurs de Berne n'ont pretenduque cela leur apartint, jamais les Eſtats de Neuf-Chaſtel n'y ont conſenty , & toute cette pretention n'a point d'autre fondement que la temerité criminelle d'un ſujet, qui pour ſatisfaire ſa paſſion voudroit dégrader ſon Prince , & priver ſon païs du plus éminent & du plus legítime de ſes droits.

La competence des Eſtats eſtant donc eſtablie par le droit commun & par la loy generale de toutes les Souverainetez, par l'uſage & la poſſeſſion perpetuelle de ce droit, par le traité même de Combourgeoiſie, dont on a pretendu ſe ſervir pour le détruire , elle ne peut eſtre miſe en doute par qui que ce ſoit , mais Madame de Nemours en a encore moins de droit que perſonne, puis qu'elle l'a elle-méme reconnuë par pluſieurs actes formels.

Madame de Nemours ſeroit moins en droit que perſonne d'alleguer cette pretenduë incompetence,

Car comme elle n'a jamais eu qu'une vuë vague de s'emparer de l'Eſtat de Neuf-Chaſtel ſans avoir pris des meſures fixes & certaines, & que cette pretention de l'incompetence des Eſtats eſt une voye bien écartée, il ſe trouve qu'avant que Molondin s'aviſaſt de luy engager, il luy avoit déja fait faire pluſieurs démarches contraires par leſquelles elle ſe l'eſtoit tellement fermée, qu'elle ne ſeroit plus en droit de la prendre quand elle l'auroit pû faire au commencement.

Elle l'a reconnuë elle-même par ſa lettre & par ſes Procurations,

On a vû dans le recit du fait en combien de manieres elle avoit reconnu la juriſdiction des Eſtats avant que de proteſter qu'ils eſtoient incompetens, & il n'eſt pas neceſſaire de les repeter icy : on ſe contentera ſeulement de faire remarquer que la lettre du 7. Juillet 1672. & les deux Procurations de Madame de Nemours ſont des preuves invincibles que ſon intention a eſté de s'adreſſer à Meſſieurs des trois Eſtats comme à des Juges naturels & neceſſaires, tout ce qu'elle a écrit par ces lettres & mis dans ſes Procurations ne ſe pouvant demander qu'à des Juges & ne pouvant eſtre fait que par des Juges, ſur tout à l'égard de l'inveſtiture, qu'elle a chargé ſes Procureurs de requerir & qui ne s'acorde qu'avec connoiſſance de cauſe & aprés avoir entendu les parties ou leurs Procureurs & examiné leurs titres : & que le Sr de la Martiniere n'a fait que ſuivre les intentions & les ordres de Madame de Nemours, & s'eſt auſſi fermé les voyes d'alleguer cette pretenduë incompetence, n'y ayant point de reconnoiſſance de Juge plus preciſe que de leur faire voir ſon pouvoir, leur dire ſes raiſons, les juſtifier par titres, demander extrait de tout ce qui ſe faiſoit & ſe feroit devant eux, conteſter le pouvoir de ſa partie, entendre les raiſons au contraire, eſtre preſent au Jugement contradictoire rendu par eux touchant la validité de ce pouvoir, & enſuite leur demander de la miſe en poſſeſſion.

Ce ſeroit en vain que Madame de Nemours pretendroit qu'elle n'a reconnu les Eſtats de Neuf-Chaſtel pour Juges qu'à l'égard de la miſe en poſſeſſion, & non à l'égard de l'inveſtiture, comme ſes Procureurs l'ont voulu dire depuis. Car outre qu'elle les avoit chargez expreſſément de requerir l'inveſtiture, & que par là elle avoit reconnu que c'eſtoit à eux d'en connoiſtre, il eſt viſible de plus, que cette diſtinction entre le pouvoir de mettre en poſſeſſion, & celuy de donner l'inveſtiture eſt une diſtinction toute chimerique qui n'a pour fondement que le caprice & l'intereſt, puis que l'un & l'autre procedent de la même puiſſance, & qu'on ne s'eſt jamais adreſſé pour l'inveſtiture qu'à ceux à qui on avoit demandé la miſe en poſſeſſion.

Les Procureurs de Madame de Nemours n'ont pas ſeulement reconnu la juriſdiction des Eſtats avant qu'ils ſe fuſſent declarez competens, ils l'ont fait même depuis: car le ſieur de la Martiniere ayant eſté averty juridiquement de ſe trouver à un jour prefix pour entendre les raiſons du Procureur de Madame de Longueville, & la lecture de ſes titres, afin de les contredire, s'il le vouloit, il comparut en effet, il entendit la deduction de ces rai-

fons, & la lecture de ces titres, & il répondit en relifant
l'écrit, qui contenoit les raifons de Madame de Nemours,
peut-on defirer une reconnoiffance plus formelle du pouvoir des Eftats. Il eft vray qu'il avoit fait dire auparavant
par fon Avocat, qu'il n'entendoit pas fe foûmettre au Jugement des Eftats, & que ce qu'il diroit ne feroit que par
forme d'éclairciffement, mais ces fortes de proteftations
ne paffent dans tous les Tribunaux du monde que pour
des chicaneries qui n'empéchent pas les Juges de prendre
pour reconnoiffance de leur Jurifdiction ce que les parties
alleguent avec cette vaine precaution.

Auffi le fieur de la Martiniere y eut-il luy-même fi peu
d'égard, que trois jours aprés fans aucune proteftation, il
demanda communication des pieces produites par le fieur
de Fontenay, ce qui ne fe peut demander qu'à des Juges:
& nous avons vû qu'il eftoit perfuadé que le Jugement des
Eftats de Neuf-Chaftel decideroit le differend touchant
la Souveraineté, & que ce fut ce qui l'avoit fait écrire à
Meffieurs du Canton de Berne, qu'aprés le delay de trois
mois, que les Eftats avoient pris, l'eftat du Comté feroit
moins douteux.

Enfin pour comble de conviction, ceux même à qui
Molondin a voulu faire prefent de la Souveraineté de l'E-
tat de Neuf-Chaftel pour fe les rendre favorables, luy
font contraires en ce point. Car Meffieurs du Canton de
Berne, bien loin de feconder fes deffeins & de fe laiffer
flater de ce droit chimerique qu'il leur vouloit attribuer,
l'ont détrnit abfolument par leur procedé : puis qu'aprés
ce Jugement fi jufte, fi folemnel & fi juridique, par lequel
les Eftats de Neuf-Chaftel ont reconnu Monfieur de Longueville pour Souverain, & Madame de Longueville fa
mere pour fa Curatrice, ils n'ont point fait difficulté de
traiter avec elle en cette qualité ; comme il paroift dans
l'affaire de Lignieres, qui fait le fujet d'une conteftation
entre Monfieur de Longueville, Monfieur l'Evêque de
Bafle & eux, pour laquelle ils ont demandé qu'on en-
voyaft des Deputez au lieu convenu, & attendent pre-
fentement les ordres de Madame de Longueville pour le

choix d'un surarbitre. C'est ce qui paroistra par la réponse qu'ils firent sur ce sujet à ceux de Neuf-Chastel : Voicy la lettre & la réponse.

Copie d'une lettre écrite par Monsieur le Gouverneur, & Messieurs du Conseil d'Estat de Neuf-Chastel, à Messieurs de Berne, le vintiéme Octobre 1673.

Magnifiques & Puissans Seigneurs,

Nous avons receu vos lettres du 19. & 27. de Septembre, mais l'embaras des vendanges ne nous a pas permis de faire réponse à Vos Excellences jusqu'à present , nous croyons avec vous & Monsieur l'Evesque de Basle , qu'il faut renvoyer jusqu'au Printemps la decision de l'affaire de Lignieres , de peur que s'il survenoit de la neige , l'assemblée des Arbitres ne fût inutile. Mais pour la nomination du Surarbitre , Son Altesse Serenissime Madame la Duchesse de Longueville mere & Curatrice de Monseigneur nostre Souverain Prince , ne nous en ayant donné aucun ordre , nous ne pouvons rien dire là dessus qu'elle ne nous ait mandé ses intentions. Cependant nous prions Vos Excellences d'estre persuadées que nous n'avons rien plus à cœur que determiner cette difficulté , & toutes les autres qui peuvent alterer la bonne intelligence qui doit estre entre deux Estats si étroitement alliés,

Traduction de la réponse de Messieurs de Berne à Monsieur le Gouverneur & Conseil d'Estat de Neuf-Chastel , du 5. Novembre 1673.

Sur vostre lettre du vingt-huitiéme dernier passé , nous laissons ce qui regarde le consentement pour le choix d'un Surarbitre en l'affaire de Lignieres , arresté en cecy, qu'on attendra de la part de son Altesse Serenissime Madame la Duchesse , l'ordre qui vous manque là dessus.

Messieurs de Berne reconnoissent donc Madame de Longueville , & ne croyent point qu'il reste de differens entre-elle & Madame de Nemours. & encore moins que ce soit à eux à en juger.

Cette competence qui fait aujourd'huy le seul different d'entre les parties estant donc certaine & reconnuë de tout le monde, on espere que Sa Majesté demeurera persuadée, & declarera que le jugement des trois Estats estant rendu par des Juges competens, il doit demeurer en sa force & vertu, & que Madame de Nemours est mal fondée dans sa pretention.

JUGEMENS
SOUVERAINS
RENDUS EN L'ANNEE

1672.

Par les trois Eſtats de la Souveraineté de Neuf-Chaſtel & de
Vallengin en Suiſſe :

Au profit de Madame la Ducheſſe
de Longueville, Curatrice de
Monſieur le Duc de Lon-
gueville ſon fils.

CONTRE

Madame la Ducheſſe de Nemours.

1

IVGEMENS SOVVERAINS
rendus en l'année 1672.

Par les trois Eſtats de la Souveraineté de
Neuf-Chaſtel & de Vallengin en Suiſſe:

*Au profit de Madame la Ducheſſe de Longue-
ville , Curatrice de Monſieur le Duc de
Longueville ſon fils.*

CONTRE

Madame la Ducheſſe de Nemours.

NOus François Pierre d'Affry Gouverneur & Lieutenant General en la Souveraineté de Neuf-Chaſtel & de Vallengin, ſçavoir faiſons, que tres-Iiluſtre, tres-Haut, & tres-Puiſſant Prince Charles Paris d'Orleans, Prince Souverain de Neuf-Chaſtel & de Vallengin en Suiſſe, Duc de Longueville & d'Eſtouteville , Pair de France , Comte de Dunois, ſaint Paul, Chaumont, Tan-carville, Gournay, &c. ayant eſté tué le ſecond jour du mois de Juin dernier paſſé, ſtil ancien, au combat qui fut donné dans l'Iſle de Betau au paſſage du Rhin , & ayant eſté requis de convoquer les trois Eſtats de cette Souve-raineté , ſur le jour prefix pour la miſe en poſſeſſion, & inveſtiture des ſucceſſions : quoy que le jour des ſix ſemai-nesaprés la mort, qui eſt celuy que la couſtume ordonne en ſemblable cas, échoye ſeulement demain, neanmoins

Aſſemblée des Eſtats par le Gouverneur.

I ij

comme c'est un Dimanche, & qu'on n'administre aucune Justice sur ce jour, Nous avons par avis des gens du Conseil d'Estat, suivant la coustume qui veut qu'on demande la mise en possession & investiture sur le jour precedent, lors que celuy des six semaines se rencontre sur un Dimanche, assemblé lesdits Estats sur ce jourd'huy au Château de Neuf-Chastel, au grand Poisle, ou pardevant nous & lesdits Estats, s'est presenté Messire Claude de Nocey, Chevalier Seigneur de Fontenay, lequel estant assisté de Noble & vertueux sieur Jean Fredrich Brun Seigneur d'Oleires, Procureur General en la Souveraineté de Neuf-Chastel & de Vallengin, a fait lire sa Procuration, dont la teneur s'ensuit.

PArdevant les Notaires Gardenotes du Roy nostre Sire, en son Chastelet de Paris, sous-signez fut presente Tres-Haute & Serenissime Princesse Madame Anne Geneviéve de Bourbon, Princesse du Sang, Duchesse de Longueville, Veuve de tres-Haut & Puissant Prince Monseigneur Henry d'Orleans Duc de Longueville & d'Estouteville, Pair de France, Prince Souverain des Comtez de Neuf-Chastel & de Vallengin en Suisse, Comte de Dunois, S. Paul, Tancarville & autres lieux, Chevalier des Ordres du Roy, Gouverneur & Lieutenant General pour Sa Majesté en sa Province de Normandie, demeurante à Paris en son Hostel, ruë saint Thomas du Louvre, Paroisse saint Germain Lauxerrois, au nom & comme mere & Curatrice de Monseigneur Jean-Loüis Charles d'Orleans son fils, Prince Souverain des Comtez de Neuf-Chastel & de Vallengin en Suisse, tant en vertu de la clause de retour apposée en la donation par luy faite le 21. Mars 1668. à defunt Monseigneur Charles Paris d'Orleans Duc de Longueville son frere, desdites Souverainetez, & des parts & portions à luy appartenantes en icelles, que comme heritier dudit defunt Seigneur Duc de Longueville; laquelle Dame Princesse a fait & constitué son Procureur general & special Messire Claude de Nocey, Chevalier Seigneur de Fontenay, auquel

Sadite Alteſſe Sereniſſime donne pouvoir de pour elle
audit nom de Curatrice, demander la miſe en poſſeſſion
& inveſtiture deſdites Comtez Souveraines de Neuf-
Chaſtel & de Vallengin, leurs appartenances, dépendances & annexes ; requerir tous actes neceſſaires , & faire
au ſurplus ce que ledit ſieur Procureur trouvera à propos
à ce ſujet, & generalement comme pourroit faire Son
Alteſſe Sereniſſime , ſi en perſonne y eſtoit , encore que le
cas requis mandement plus ſpecial, promettant avoir le
tout pour agreable, obligeant. Fait & paſſé à Paris audit
Hoſtel de Longueville, l'an 1672. le 6. jour de Juillet avant
midy, & a ſigné, Anne Geneviéve de Bourbon , & plus
bas, Pavyot , & Routier.

Enſuite dequoy ledit ſieur de Fontenay comme Procureur general & ſpecial de S. A. S. Madame la Ducheſſe de
Longueville, au nom & comme mere & Curatrice de
tres-Illuſtre , tres-Haut , & tres-Puiſſant Prince Jean
Loüis Charles d'Orleans , Prince Souverain de Neuf-
Chaſtel & de Vallengin, Duc de Longueville & d'Eſtouteville, Pair de France, Comte de Dunois, ſaint Paul, Tan-
carville & autres lieux, a propoſé que ledit Seigneur Jean
Louis Charles d'Orleans, comme fils aiſné de S. A. S. Monſeigneur Henry d'Orleans, luy avoit ſuccedé au Comté de Neuf-Chaſtel , & à tous les biens qui en dépendent,
en vertu de la couſtume immemoriale obſervée dans la
ſucceſſion dudit Comté, par laquelle les mâles ont perpetuellement eſté preferez aux filles, & les aiſnez à leurs cadets, ſans qu'ils y ayent eu aucune part pendant les trois
dernieres Familles qui ont regné ; il en fit don le 21. Mars
1668. ſtil nouveau, à Monſeigneur Charles Paris d'Orleans
ſon frere & legitime ſucceſſeur , ſous cette condition,
qu'arrivant le decez dudit Seigneur donataire ſans enfans, leſdites choſes données luy retourneroient en plein
droit: tellement que par la mort dudit Seigneur Charles
Paris d'Orleans ſon frere , leſdits biens luy devant retourner entierement, tant en vertu de ladite reſerve, que de
ladite couſtume, qui doit ſervir de loy inviolable dans les
ſucceſſions de l'Eſtat. Il demande au nom dudit Seigneur

I. iij.

Jean Loüis Charles d'Orleans, d'estre mis en possession dudit Comté de Neuf-Chastel, de la Seigneurie de Vallengin, & des autres appartenances, dépendances & annexes de ladite Souveraineté de Neuf-Chastel.

Surquoy M. Jean de la Martiniere Ecuyer de son Altesse Serenissime Madame la Duchesse de Nemours, a fait lire sa Procuration, dont la teneur suit.

PArdevant les Notaires Gardenotes du Roy nostre Sire en son Chastelet de Paris, sous-signez, fut presente tres-Haute, & tres-Puissante Princesse Madame Marie d'Orleans, Veuve de défunt tres-Haut & Puissant Prince Monseigneur Henry de Savoye Duc de Nemours, & de Genevois, Pair de France, demeurante à Paris, en l'Hostel de Soissons, rüe des deux Ecus, Paroisse saint Eustache, habile à se dire & porter heritiere, *& plus proche à succeder* aux biens de défunt tres-Haut & tres-Puissant Prince Monseigneur Charles Paris d'Orleans son frere, vivant Souverain de Neuf-Chastel & de Vallengin en Suisse, Duc de Longueville, Pair de France, decedé le 12. jour de Juin dernier, au service du Roy en son armée au passage du Rhin à Thohuis; laquelle a fait & constitué son Procureur general & special, la generalité ne dérogeant à la specialité ny au contraire, le sieur Jean de la Martiniere Ecuyer de son Altesse, auquel Madite Dame Duchesse de Nemours a donné pouvoir & puissance de se transporter esdites Souverainetez de Neuf-Chastel & de Vallengin en Suisse; & là pour & au nom de Madite Dame, prendre possession réelle & actuelle desdites Souverainetez de Neuf-Chastel & de Vallengin, & de leurs annexes, circonstances & dépendances, en *requerir* & *prendre aussi l'investiture*, si besoin est, observer *les formes en tel cas requises & acoustumées*, en retirer tous actes necessaires; & generalement faire pour raison de ladite prise de possession & de ladite investiture, & en consequence d'icelle tout ce que ledit sieur Procureur verra bon estre: & comme Madite Dame Duchesse de Nemours pourroit faire en personne, comme aussi substituer un ou plusieurs

On regarde donc Monsieur l'Abbé d'Orleans comme mort.

Cette requisition ne se fait que devant les Estats, elle pretend donc qu'on les reconnoisse. Une des formes requises c'est de demander l'investiture.

en tout ou partie du pouvoir porté en ses presentes, si ledit
Procureur presentement constitué le trouve à propos. Promettant Madite Dame avoir agreable tout ce qui sera fait
par sondit Procureur pour ladite prise de possession & investiture, sous l'obligation de tous ses biens. Fait & passé
audit Hostel de Soissons l'an 1672. le 7. jour de Juillet
aprés midy, & a signé la minute des presentes demeurée
à Moufle, l'un des Notaires sous-signez. Signé, Ferret,
& Moufle.

Jean le Camus Chevalier Conseiller du Roy en tous ses
Conseils, Maistres des Requestes ordinaire de son Hostel,
Lieutenant Civil de la Ville, Prevosté & Vicomté de Paris, nous certifions à tous qu'il appartiendra, que lesdits
Ferret & Moufle sont Notaires au Chastelet de Paris, &
que foy est ajoustée, tant en jugement que dehors, aux
actes qui sont par eux expediez ; en témoin dequoy nous
avons signé le present Certificat, fait contre-signer iceluy,
par nostre Secretaire ordinaire, & fait apposer le cachet
de nos armes, ce 8. Juillet 1672. Signé le Camus, & plus
bas, par mondit Seigneur, Bauret.

Ensuite dequoy ledit sieur de la Martiniere, au nom &
comme Procureur general & special de Sadite Altesse Serenissime Madame la Duchesse de Nemours, a encore
produit une copie du Testament de Son Altesse Serenissime Monseigneur Charles Paris d'Orleans son frere, qui a
esté leuë, & dont la teneur suit.

IE Charles Paris d'Orleans Duc de Longueville, estant
sur le point de partir pour l'armée. J'ay crû que je devois, pour marquer la tendresse que j'ay euë toute ma vie,
pour Madame la Duchesse de Longueville ma mere, & la
reconnoissance que j'ay des services que m'ont rendus
ceux de mes domestiques, qui seront cy-aprés nommez,
laisser écrites de ma main, les choses que je desire estre
executées, en cas que je vienne à mourir.

Premierement, je desire, puisque je ne suis pas encore
parvenu en l'âge auquel il est permis en France de disposer de tout son bien, que tout celuy dont je puis disposer,
sçavoir pierreries, vaisselle d'argent, meubles, argent con-

tant, ou argent deub par mes Fermiers, jufqu'au jour de ma mort, appartienne à Madame ma mere, jufqu'à la concurrēce des fommes où elle a bien voulu s'engager avec moy, vers Monfieur Fremont Marchand Banquier, reconnoiffant qu'elle ne s'y eft engagée qu'à ma tres-inftante priere, pour une affaire qui m'eftoit de la derniere confequence. Je ne puis dire precifément où fe monte cette fomme, mais les Obligations fignées d'elle & de moy, en feront foy; cette fomme eftant déduite, quelle qu'elle foit, je defire que l'on paye les Marchands aufquels je dois, &c. C'eft là tout ce que je prie Madame ma mere, que je nomme Executrice de mon Teftament, avec Monfieur du Vauroy mon Intendant, fous elle, de diftribuer.

Eftant obligé de pourvoir à l'eftabliffement de mon fils Charles Loüis d'Orleans, je luy donne la fomme de cinq cens mil livres, à prendre fur tous mes meubles, & effets mobiliers, même fur la part des immeubles, dont il m'eft permis de difpofer fuivant les Couftumes des lieux; J'efpere que Madame la Ducheffe de Nemours ma fœur, & mon heritiere, ne defapprouvera pas cette difpofition, & qu'au contraire elle voudra bien acorder fon amitié & fa protection, que je luy demande pour mon fils. Je fuplie Madame ma mere, d'agréer cette prefente difpofition, & de tenir la main à fon execution, & d'acorder à ce qui refte de moy la tendreffe & l'amitié qu'elle m'a toûjours fait paroiftre, en prenant foin de l'éducation de cér enfant, en commettant Monfieur Porlier, mon Secretaire, pour eftre fon Tuteur, & faire valoir à fon profit le bien que je luy laiffe, & de prendre les avis de Monfieur Ifalis mon Avocat, qui eft mon Curateur, que je prie de vouloir bien accepter ce foin, & fix mil livres que je luy laiffe. Fait à Paris le 11. Avril 1672. & figné de ma main, Signé Charles Paris d'Orleans.

Je n'ay point fait de difpofition pour ma Sepulture, ny pour faire dire des Prieres, mais je defire que l'on remette entre les mains de Madame ma mere, quinze mil livres que je defire eftre employez en aumônes, ou autres œuvres, felon ce que Madame ma mere le jugera à propos. Signé, Charles Paris d'Orleans.

Au-

Aujourd'huy 8. Juillet aprés midy , l'an 1672. S. A. S.
Anne Geneviéve de Bourbon Princeſſe du Sang, Ducheſſe
Doüairiere de Longueville, a mandé les Notaires Gardenottes du Roy noſtre Sire en ſon Chaſtelet de Paris ſous-
ſignez , de ſe rendre en ſon Hoſtel, ruë ſaint Thomas du
Louvre , Paroiſſe ſaint Germain Lauxerrois, où eſtant,
Sadite Alteſſe auroit dit que défunt Monſeigneur le Duc
de Longueville ſon fils , en partant pour l'armée au mois
d'Avril dernier, luy mit és mains ſon Teſtament olographe
cy-devant écrit en quatre feüillets cettuy compris , pour
le garder ; Et ſon deceds eſtant arrivé, Sadite Alteſſe Sereniſſime l'ayant ouvert & retiré de l'envelope où il eſtoit
cacheté de cinq cachets des armes dudit Seigneur, a voulu
que ledit Teſtament demeuraſt en lieu de ſeureté public,
pour ſervir & valoir à qui il appartiendra. C'eſt pourquoy
Sadite Alteſſe l'a mis & depoſé à Gallois, l'un deſdits Notaires, pour le garder en ſes minutes, & en délivrer des Ex-
peditions , & a ſigné & paraphé enfin de chacune des pa-
ges dudit Teſtament , & auſſi luy a baillé ladite envelope
qu'elle a auſſi paraphé, laquelle enveloppe contient ces
mots, ſous cette envelope eſt mon Teſtament écrit & ſi-
gne de ma main , le tout demeuré pardevers ledit Gallois
Notaire. Signé, Simonnet & Gallois:

Collationné à l'original en papier, par les Notaires du
Roy au Chaſtelet de Paris ſous-ſignez ; ce fait rendu le 10.
jour de Juillet l'an 1672. Signé Gigault & Loret.

Et outre il a preſenté un écrit, dont lecture a eſté faite
& contient ce qui ſuit.

Se preſente le ſieur Jean de la Martiniere Ecuyer de
Tres-Haute, & Tres-Puiſſante Princeſſe Madame Marie
d'Orleans, Veuve de Tres-Haut & Puiſsant Prince Monſeigneur Henry de Savoye, Duc de Nemours & de Genevois, Pair de France, lequel en qualité de Procureur conſtitué par S. A. S. Madite Dame de Nemours , par acte
ſigné Ferret & Moufle Notaires Royaux, paſsé à Paris
en l'Hoſtel de Soiſſons le 7. de ce mois, deuëment legali-
ſé, dit, que Dieu ayant retiré à ſoy le 22. Juin paſsé, Tres-
Haut & Puiſſant Prince Monſeigneur Charles Paris d'Or-

a Maxime inoüie de pernicieuſe conſequence, qu'un Souverain qui devient par maladie incapable de l'adminiſtration de ſon Eſtat en perde la proprieté.

b Il ne paroiſt pas un mot de cela dans le ſ Teſtament ny en termes exprez, ny par conſequence & le mot d'heritiere n'y eſt que par une ſimple enonciation.

c Il avoit ordre d'en requerir l'inveſtiture, côme la couſtume le veut.

d Pourquoy alleguer cette renonciation, ſi Madame de Nemours pretēdoit n'avoir plus de frere, c'eſt proprement reconnoiſtre que tant qu'elle en aura un ſa renonciation l'exclut.

e Madame de Nemours ne pretend pas la Curatelle, mais elle conteſte celle de Madame de Longueville par une diſtinctiõ inoüie & contre tout uſage.

leans, Duc de Longueville, Souverain des Comtez de Neuf-Chaſtel & de Vallengin en Suiſſe ſon frere; Sadite Alteſſe Sereniſſime luy a donné charge avec regret, de repreſenter que Monſeigneur l'Abbé d'Orleans ne pouvant avoir l'adminiſtration **a** des Eſtats Souverains de Nuf-Chaſtel & de Vallengin, pour eſtre aliené d'eſprit, interdit, & par conſequent incapable de poſſeder une Souveraineté, ainſi que l'a reconnu S. A. S. mondit feu Seigneur Duc de Longueville par ſon Teſtamēt du 11. Avril dernier, dans lequel il declare ladite Dame ſa ſœur **b** ſon heritiere, ſans faire aucune mention dudit Seigneur Abbé, le reputant par cette alienation d'eſprit, comme n'eſtant plus au monde, leſdits Eſtats Souverains ſont devolus à Sadite 'A. S. par le droit du ſang qui l'y appelle, reſtant ſeule iſſuë de la Sereniſſime Maiſon de Longueville, & par conſequent la plus habile à ſucceder à cette Principauté; & a ordre de Sadite A. Madame de Nemours, d'en venir prendre la **c** poſſeſſion, & enſuite l'inveſtiture, dans le deſir qu'elle a de continuer à ſes Eſtats, ſous ſa domination, les douceurs dont ils ont jouy pendant les heureux regnes de ſes glorieux predeceſſeurs, ſans qu'il y ait lieu d'heſiter au ſujet **d** de la renonciation que Sadite Alteſſe peut avoir faite, laquelle n'eſtant qu'en faveur de Meſſeigneurs ſes freres, ne luy prejudicie en façon que ce ſoit à preſent, ny des actes que mondit Seigneur l'Abbé peut avoir paſſez, qui ſont nuls & de nul effet par l'eſtat d'interdiction auquel il ſe rencontre, ny mêmes des Curatelles decernées à S. A. S. Madame la Ducheſſe de Longueville, parce que la premiere eſt entierement éteinte par la majorité de Meſſeigneurs ſes enfans; & la ſeconde ne peut concerner que l'adminiſtration des biens que ledit Seigneur Abbé avoit au temps qu'elle luy fûit decernée, & même cauſée par ſon infirmité, ſi connuë qu'elle le rend tout à fait hors d'eſtat de poſſeder cette Souveraineté; de ſorte qu'il n'y a perſonne qui en ait droit que Sadite Alteſſe Madame de Nemours, laquelle pour faire connoiſtre qu'elle ne **e** *le pretend pas au preiudice dudit* Seigneur Abbé ſon frere, declare que s'il plaiſoit à Dieu qu'il ſe trouvaſt à l'avenir en eſtat de gouverner *ſes Eſtats*, elle les luy reſignera avec joye. Et afin qu'il paroiſſe que ledit sieur de la Martiniere *s'est aquitté de sa Commission dans le temps porté par la Coustume, il* [a] *prie Messieurs des trois Estats, de luy donner un extrait de ce qui se fait, & ce fera sur ce sujet pardevant eux.*

Finalement ledit sieur de la Martiniere a fait dire par le sieur Dunant son Avocat, que sa Procuration dont on vient de faire lecture, est en bonne forme & deuëment legalisée: mais que celle dudit sieur de Fontenay [b] n'estant pas legalisée, n'est pas valide, & que foy n'y peut estre ajoustée.

Au contraire ledit sieur de Fontenay a soustenu que sadite Procuration estant signée de la propre main de S. A. S Madame la Duchesse de Longueville, n'avoit pas besoin d'estre signée par des Notaires, n'y par consequent legalisée, puisque son sein est connu dans cét Estat, requerant au nom qu'il agit qu'on le mette en possession.

Surquoy nous en avons demandé le jugement à Messieurs des trois Estats, lesquels au retour de la Chambre de Consultation, ont rapporté qu'ayant vû ladite Procuration, & reconnu qu'elle est signée de la propre main de son Altesse Sereniffime Madame la Duchesse de Longueville, & confideré qu'elle est conforme aux lettres qu'elle a écrites au Conseil d'Estat, & à celuy de la Ville, ils jugent qu'elle est valide. Cependant puisqu'il est suffisamment verifié que S. A. S. Monseigneur Charles Paris d'Orleans de glorieufe memoire, Prince Souverain de Neuf. Chaftel & de Vallengin est mort le 12. de Juin dernier passé, & que c'est aujourd'huy le jour prefix sur lequel on doit demander la mife en possession & investiture ensuite de la coustume, laquelle veut lors que le jour de six femaines se rencontre sur un Dimanche qu'on la prenne le jour precedent, ils jugent aussi que ledit sieur de Fontenay au nom qu'il agit, doit estre mis en possession du Comté de Neuf-Chaftel & Seigneurie de Vallengin, & des autres appartenances, dépendances & annexes de la Souveraineté de Neuf-Châtel, sauf les droits d'autruy. Et d'autant qu'on n'a pas acoustumé de refuser la mife en possession aux pretendans, & que c'est feulement lors qu'ils demandent l'investiture qu'on examine leurs raisons, ils renvoyent lesdites

K ij

---

a Par cette demande le Procureur reconnoift formellement la competence & qu'il estoit obligé de satisfaire à la couftume.

b Justifie-t-on son pouvoir & contefte-t-on celuy d'un autre devant des Juges qu'on ne croit pas competens, il ne faudroit que cela pour les rendre tels.

Jugement contradictoire des trois Eftats, contre lequel on n'a point reclamé.

parties à les alleguer lors qu'il s'agira de l'investiture.

Ledit sieur de la Martiniere a declaré la dessus qu'il n'entend pas se soumettre a au jugement de Messieurs des trois Estats, qui estans sujets de Madame la Duchesse de Nemours ne sont pas Juges competens pour connoistre & decider du droit de Souveraineté, & qu'au nom de sadite Altesse Madame de Nemours, *il prend la possession &* b *investiture* desdits Estats Souverains: mais ledit sieur de Fontenay ayant soutenu le contraire, & demandé l'investiture, en ayant demandé le jugement à Messieurs des trois Estats, ils ont dit que le temps de l'Audience estant écoulé, ils renvoyoient les parties à trois heures du soir, auquel temps s'estant rassemblez, ledit sieur de la Martiniere a dit, que s'estant presenté ce matin pour prendre la possession, & ensuite l'investiture de la Souveraineté de Neuf-Chastel & Vallengin, aucune réponse ne luy a esté faite, quoy qu'ils ait un droit incontestable, & qu'il soit dans le temps porté par la coustume, ce qui l'oblige, entant qu'elle le requeroit, à demander c ladite mise en possession qui ne luy doit estre contestée par qui que ce soit, sans entendre prejudicier à son droit, ny le soumettre à la decision de Messieurs des trois Estats concernant d l'investiture, qui estans sujets, sont Juges incompetens d'une Souveraineté. Et au contraire lesdits sieurs de Fontenay & Procureur General, ayant soutenu que Messieurs des trois Estats sont Juges competens en ce rencontre, & qu'ils doivent prendre connoissance, suivant ce qui s'est pratiqué lors qu'il y a eu des difficultez pour la succession de cette Souveraineté. Messieurs des trois Estats ont jugé que les Estats du Comté de Neuf-Chastel jugeant en dernier ressort & Souverainement les Causes qui se suscitent dans cet Estat qui ne dépend d'aucun autre, ledit sieur de la Martiniere ne les peut pas recuser comme Juges e incompetens, sur tout, puisque les Princes lors qu'il y a eu des contestes pour la succession de cette Souveraineté, se sont presentez pardevant eux pour en demander la mise en possession & l'investiture, & les ont reconnus pour Juges de leurs controverses, ainsi qu'il paroist par les procedures tenuës en

a Cette declaration si brusque & si irreguliere estoit directement contraire & aux termes de sa Procuration & aux reconnoissances formelles qu'il venoit de faire des trois Estats pour Juges.

b Il estoit chargé de requerir l'investiture, & il la prend sans requisition contre la Coustume.

c On demande la possession que l'on avoit pris le matin.

d Distinction inoüie, & on pretend competence pour la mise en possession & incompetence pour l'investiture quoy que la Procuratió oblige à l'une & à l'autre & plus précisement encore à l'investiture qu'a la possession.

e Jugement des trois Estats qui se declarent competens.

1552. 1601. & 1602. De forte que s'il a quelques raisons à alleguer contre l'investiture que ledit sieur de Fontenay demande, il les doit dire sur ce jour qui est prefix pour demander la mise en possession & investiture des successions, & vuider toutes les difficultez qui se suscitent pour ce sujet, à deffaut dequoy, ils passeront outre au jugement qu'on leur demande.

Ensuite dequoy ledit sieur de la Martiniere ayant demandé entant que la Coustume le requiert, d'estre mis en [a] possession de la Souveraineté de Neuf-Chastel & de Vallengin, & en ayant demandé le jugement à Messieurs des trois Estats, ils l'a luy ont adjugé, sauf le droit d'autruy.

Aprés quoy lesdits sieurs de Fontenay & Procureur General, ayant continué d'insister à ce qu'on leur donne l'investiture qu'ils ont demandée : ledit sieur de la Martiniere s'y est [b] oposé, soûtenant toûjours qu'il n'est pas au pouvoir de Messieurs des trois Estats, de bailler cette investiture, & faisant proteste contre tout ce qui se fera au prejudice des droits de S. A. Serenissime Madame la Duchesse de Nemours, sur quoy ledit sieur Procureur General ayant contre-protesté pour la nullité de cette proteste, puis qu'on ne fait que suivre ce qui s'est pratiqué au temps passé. Messieurs des trois Estats ont déclaré, qu'avant que de juger sur l'investiture demandée par le sieur de Fontenay, ils veulent qu'on fasse lecture des actes dont il a parlé. Sçavoir de la Curatelle de S. A. S. Madame la Duchesse de Longueville ; du traité de mariage de son Altesse Serenissime Madame la Duchesse de Nemours ; & de la donation du Comté de Neuf-Chastel, faite par S. A. S. à Monseigneur Jean Loüis Charles d'Orleans à feu Monseigneur son frere, afin que si ledit sieur de la Martiniere a quelque chose à dire, tant sur lesdites actes que sur la coûtume & l'ordre des successions de cette Souveraineté, il le puisse faire.

Aprés quoy lecture a esté faite de l'acte suivant.

K iij

Marginal notes:

[a] La competence jugée, le sieur de la Martiniere reconnoist de nouveau les Estats, par une seconde demande d'estre mis en possession.

[b] Cette oposition est encore une reconnoissance precise que la protestation ne court point.

Les Estats ont ordonné qu'on lira les titres dont se sert le Procureur de Madame de Longueville, afin que celuy de Madame de Nemours les puisse contredire.

Extrait des Regiſtres du Conſeil d'Eſtat.

LE Roy ayant par Arreſt de ſon Conſeil, Sa Majeſté y eſtant, du 14. Mars 1671. ſur la Requeſte de Madame la Ducheſſe de Longueville, ordonné que les parens tant paternels que maternels du ſieur Abbé d'Orleans ſon fils ſeroient aſſemblez pardevant les ſieurs d'Aligre, de Seve & Hotman, pour donner leur avis ſur le regime & adminiſtration de ſon bien, & la conduite & gouvernement de ſa perſonne, le ſieur Prince de Condé, le ſieur Duc d'Anguien, le ſieur Prince de Turenne, le ſieur de Levy de Vantadour, les ſieurs de Soubiſe & de Rohan, le ſieur Prince de Tarente, le ſieur Baliavy Reſident du ſieur Duc de Mantoüe, le ſieur Duc de Rets, & le ſieur Comte de Soiſſons, auroient donné leurs avis pardevant leſdits ſieurs Commiſſaires par leurs Procurations ſpeciales à cét effet en conformité de l'avis dudit ſieur Prince de Condé, de Madame la Princeſſe de Conty, dudit ſieur Duc d'Anguien, du ſieur Duc d'Orleans, receu par Lange & Roußier Notaires au Chaſtelet de Paris le 25. Janvier 1671. contenant que le ſieur Abbé d'Orleans doit eſtre & demeurer interdit de l'adminiſtration de ſes biens, & la Dame Ducheſſe de Longueville ſa mere luy eſtre ordonnée pour Curatrice à ſa perſonne & biens, laquelle pourvoira aux Offices & Benefices dépendans des Terres à luy appartenans. Et par Arreſt dudit Conſeil, auſſi le Roy y eſtant, du 1. Avril 1671. Sa Majeſté auroit ordonné avant que de ſe pourvoir ſur les fins de la Requeſte de ladite D. Ducheſſe de Longueville, & ſur le procés verbal deſdits ſieurs d'Aligre, de Seve & Hotman, que le ſieur Tubeuf Maiſtre des Requeſtes départy dans les Generalitez de Moulins & de Bourges, ſe tranſportera en l'Abbaye de Chezeal-Benoiſt en Berry, où eſtoit ledit ſieur Abbé d'Orleans, pour connoiſtre l'eſtat de ſa perſonne & entendre ſur le contenu en ladite Requeſte, tant les Superieurs & autres Religieux qui ont ſoin de la conduite dudit ſieur Abbé d'Orleans, que les Gentils-hommes & domeſtiques eſtant prez de sa personne & à son service, dont seroit dressé procés verbal par ledit sieur Tubeuf, en execution duquel Arrest ledit sieur Tubeuf se seroit transporté en ladite Abbaye de Chezeal-Benoist, où il auroit vû, & entendu pendant plusieurs visites ledit sieur Abbé d'Orleans, & reconnu l'estat de sa personne, même entendu sur sa conduite & ses déportemens les Peres Dom Victor Texier Prieur de l'Abbaye de saint Germain Desprez, Dom Antoine Savy & Dom François Pommeray Religieux de ladite Abbaye de Chezeal-Benoist, les sieurs Dugué, de Moncaut, de Morienne, & d'Almont Gentils-hommes, Tristan, Bordinpré, Maturin Jovin, Charles Desvoyers, & Nicolas Peruy Officiers domestiques dudit sieur Abbé d'Orleans, qui auroit reconnu la verité de tous les faits contenus dans les declarations faites pardevant ledit sieur Tubeuf; par lesquels il paroist que ledit sieur Abbé d'Orleans est dans une grande foiblesse d'esprit, & est incapable de la conduite de sa personne & de ses biens : VEU lesdits Arrests des 14. Mars & 1. Avril 1672. le procés verbal desdits sieurs d'Aligre, de Seve & Hotman du 31. dudit mois de Mars; les Procurations passées par ledit sieur Prince de Condé, ledit sieur Duc d'Anguien, ledit sieur Prince de Turenne, ledit sieur de Levy de Vantadour, les sieurs de Soubize & de Rohan, le sieur Prince de Tarente, le sieur de Baliavy, le sieur Duc de Rets, & le sieur Comte de Soissons; l'écrit dudit sieur Abbé d'Orleans audit sieur Tubeuf, & annexé à son procés verbal : Ouy le raport desdits sieurs d'Aligre, de Seve & Hotman. LE ROY ESTANT EN SON CONSEIL, conformément à l'avis des parens du costé paternel & du costé maternel dudit sieur Abbé d'Orleans, a ordonné & ordonne qu'il sera & demeurera interdit de l'administration de ses biens, luy a Sa Majesté donné & donne pour Curatrice à sa personne & à l'administration de sesdits biens, la Dame Duchesse de Longueville sa mere, qui pourvoira aux Benefices & aux Offices dépendans des Terres & Seigneuries appartenans audit sieur Abbé d'Orleans. FAIT au Conseil d'Estat du Roy, Sa Majesté y estant, tenu à saint Germain en Laye, le 20. jour d'Avril 1672. Signé, COLBERT.

LOUIS par la grace de Dieu Roy de France & de Navare: Au premier Huiffier de nos Confeils ou autre noftre Huiffier ou Sergent fur ce requis, Nous te mandons & commandons par ces prefentes fignées de noftre main, que l'Arreft dont l'Extrait eft cy-attaché fous le contrefcel de noftre Chancellerie ce-jourd'huy donné en noftre Confeil d'Eftat, Nous y eftant, Tu fignifies à tous qu'il appartiendra, & faffe pour l'entiere execution d'iceluy tous commandemens, Sommations, deffenfes & autres actes & Exploits neceffaires, fans pour ce demander autre permiffion: CAR tel eft noftre plaifir. DONNE' à faint Germain en Laye le 20. jour du mois d'Avril, l'an de grace 1672. & de noftre Regne le vingt-neuviéme. Signé, LOUIS, & plus bas, Par le Roy, COLBERT. Et fcellé du grand fceau de cire jaune.

Collationné aux originaux à l'inftant rendus, par les Notaires Gardenotes du Roy noftre Sire, au Chaftelet de Paris fous-figne:, ce 8. jour de Juillet l'an 1672. Signé Buon & Gallois.

. Enfuite on a lû une copie collationnée à l'original, par Routier, du Contract de mariage paffé le 28. Mars 1657. pardevant Pierre de Riviere & Martin Anceau Notaires Gardenotes du Roy, entre Monfeigneur Henry de Savoye Duc de Nemours, & S. A. S. Madame Marie d'Orleans, dans lequel eft contenu un article contenant ce qui fuit.

Renonciation de Madame de Nemours.

Laquelle dite Terre ou lefdits cinq eens mil livres donnez par mondit Seigneur le Duc de Longueville à Madite Damoifelle future Époufe en faveur dudit mariage, demeureront auffi propres à Madite Damoifelle future Époufe, & aux fiens de fon cofté & ligne, & moyennant laquelle dite fomme de cinq cens mil livres cy-deffus donnée, madite Damoifelle de Longueville de mondit Seigneur de Nemours futur Epoux, entant que befoin feroit, authorifée par cefdites prefentes pour l'effet d'icelles, & de ce qui enfuit, a volontairement renoncé par cefdites prefentes à la fucceffion future de mondit Seigneur fon pere, en faveur de Meffeigneurs fes enfans mâles & des décendans

dans mâles d'eux seulement, comme encore à Madite
Damoiselle future Epouse, renoncé & renonce par ces
mêmes presentes à la succession future de mesdits Seigneurs ses freres, au profit du survivant d'eux & des descendans mâles comme dessus, sinon en ce qui sera des
meubles & aquests, & des maisons scises à Paris, ausquel-
les elle pourra prendre part, & en cela succeder à mesdits
Seigneurs ses freres, suivant les coustumes; Et aussi moyennant ladite somme de cinq cens mil livres madite Damoiselle a renoncé & renonce au doüaire constitué à madite
Dame sa mere par mondit Seigneur son pere par le Contract de leur mariage, dont ce faisant mondit Seigneur
son pere demeure quitte & déchargé.

Finalement on a lû la donation que mondit Seigneur
Jean Loüis Charles d'Orleans fit le 28. Mars stil nouveau,
1668. à mondit Seigneur Charles Paris d'Orleans Comte
de saint Paul son frere, de tous ses droits en la Souveraineté de Neuf-Chastel & de Vallengin, dans laquelle il est
contenu que c'est toutesfois sous cette condition acceptée
par mondit Seigneur le Comte de saint Paul; qu'arrivant
son deceds sans enfans, ou celuy de ses enfans sans enfans;
Mondit Seigneur donateur estant encore vivant, en ce cas
& non autrement, lesdites choses données retourneront de
plein droit à mondit Seigneur donateur.

Donation de la Souveraineté de Neuf-Chastel.

Après laquelle lecture ledit sieur de Fontenay a derechef
insté qu'on luy accorde ladite investiture; soustenant que
Monseigneur Jean Loüis Charles d'Orleans doit succeder à
feu Monseigneur son frere en cette Souveraineté, en vertu
de la coûtume immemoriale, de la reserve faite dans la
donation, & de la renonciation que Madame la Duchesse de Nemours sa sœur a fait à la succession future de
Messeigneurs ses freres au profit du survivant d'eux & des
descendans mâles d'eux, à quoy il a ajoûté que Madame
la Duchesse de Nemours n'a pas esté instituée formellement heritiere par le Testament qu'elle a produit; & si
même il s'y rencontroit une institution, qu'elle ne pourroit valoir pour la succession de cét Estat, dont Monseigneur Charles Paris d'Orleans n'auroit pas pû disposer

Après cette lectu-re le Procureur de Madame de Longueville a répondu aux rai-sons de Madame de Nemours.

au prejudice de ladite couſtume, & de ladite reſerve por-tée dans ladite donation. Qu'une foibleſſe d'eſprit peut bien rendre une perſonne incapable de gouverner, mais qu'elle ne le rend pas inhabile à ſucceder; que cette foi-bleſſe ne ſera peut-eſtre pas de durée, & qu'en attendant S. A. S. Madame la Ducheſſe de Longueville ſa mere doit avoir la Curatelle de ſa perſonne & de ſes biens, puis qu'elle a eſté eſtablie ſa Tutrice par le Teſtament de feu S. A. Monſeigneur ſon mary, & que le Roy qui eſt Juge de la perſonne de Monſeigneur ſon fils, la luy a decernée par l'avis des parens paternels & maternels, dans la forme ordinaire, & ſelon qu'il s'eſt pratiqué dans les minoritez des Princes de la Sereniſſime Maiſon d'Orleans: Et qu'au reſte elle doit avoir l'adminiſtration de tous les biens de mondit Seigneur ſon fils, ſans diſtinguer ceux qui luy ſont parvenus depuis la Curatelle, ſur tout puis qu'elle regarde la perſonne que les biens doivent ſuivre.

Surquoy ledit ſieur de la Martiniere aprés avoir par ſon Avocat, reïteré qu'il ne pretend pas ſe ſoumettre au juge-ment de Meſſieurs des trois Eſtats, & que ce qu'il dira eſt par forme d'éclairciſſement. Il a repeté les choſes qui ſont contenuës dans le premier memoire qu'il a preſenté, en-ſuite dequoy nous en avons demandé Jugement à Meſ-ſieurs des trois Eſtats, leſquels ont raporté que l'affaire dont il s'agit eſtant de grande importance, & n'ayans pas aſſez de temps pour l'examiner avec toute l'exactitude qu'elle requiert, ils ont pris jour d'avis juſqu'à mercredy prochain pour rendre leur jugement. Leſquelles choſes ont ainſi eſté jugées par les Nobles, vertueux & prudens ſieurs Simon Merveilleux ſieur de Bellevaux Chaſtelain de Thielle, Georges de Montmollin Docteur és Loix Chancelier, David Merveilleux, & Henry Tribolet Hardy Maire de Neuf Chaſtel, tous quatre Conſeillers d'Eſtat, pour le rang de la Nobleſſe. Le Capitaine Jacques Monin, Chaſtelain du Landeron, Jonas Hory Docteur és Loix, Chaſtelain de Boudry, Loüis Guy Conſeiller d'Eſtat Mai-re de Rochefort, & Abraham Chambrier Maire de Val-lengin, pour les Officiers. Rodolf Meuron, Daniël Chambrier Lieutenans de Ville, Antoine Perrot, & Abraham Bulot, qui sont les quatre Ministraux de la ville de Neuf-Chastel, pour le tiers estat, au grand Poisle du Chasteau de Neuf-Chastel le 13. jour du mois de Juillet l'an 1672.

Ensuite de laquelle Sentence Messieurs des trois Estats s'estans de rechef assemblez le 17. dudit mois de Juillet.

Ledit sieur de la Martiniere a demandé qu'on luy baille communication & copies des actes & titres que le sieur de Fontenay produisit Samedy passé pardevant Messieurs des trois Estats, instant au surplus que l'écrit qu'il produit soit lû.

Ledit sieur de Fontenay s'y est opposé, soutenant que puisque la coustume veut qu'on allegue toutes les raisons qu'on a à dire sur le jour des six semaines, & d'ailleurs que Messieurs des trois Estats prirent jour pour rendre leur Sentences, qu'il ne peut rien alleguer ny demander, requerant Messieurs des trois Estats de rendre jugement suivant l'avis qu'ils prirent.

Surquoy nous en avons demandé le jugement à Messieurs des trois Estats; lesquels au retour de la Chambre de Consultation, ont rapporté que puisque ledit sieur de la Martiniere ne reconnoist pas Messieurs des trois Estats pour Juges, & ne veut pas contester pardevant eux, ils ne peuvent pas luy accorder la communication des actes produit par sa partie.

Ensuite ledit sieur de Fontenay ayant prié qu'ensuite de l'avis pris samedy passé jugement soit rendu, Messieurs des trois Estats ont rapporté que cette affaire estant de la derniere importance, ils prioient Monsieur le Gouverneur de ne pas prendre de mauvaise part s'ils prennent trois mois de delay pour rendre jugement, lesquels écheront au 17. jour d'Octobre prochain, stil ancien, pendant lesquels toutes les choses que S. A. S. Madame la Duchesse de Longueville fera & ordonnera, comme Curatrice, seront valides & subsisteront de même que tout ce qu'elle a fait & ordonné comme Tutrice pendant la minorité de Messeigneurs nos Princes ses enfans, sans neanmoins prejudicier aux pretentions de son A. S. Madame la Duchesse de Nemours.

Sans plus alleguer l'incompetence, il demande copie des titres de Madame de Longueville, & en cela fait un nouvel acte de reconnoissance.

Les Estats prennent trois mois de delay pour juger l'affaire.

L ij

Ledit Sieur de la Martiniere ayant voulu produire un écrit, sur l'opposition que ledit sieur de Fontenay & ledit sieur Procureur General ont faite, pour empescher qu'il ne soit lû, puisqu'il ne l'a pas produit sur le jour des six semaines suivant la coustume, ledit sieur de la Martiniere par son Avocat dit que ce n'est qu'une proteste qu'il fait contre tout ce qui s'est fait au prejudice des droits de S. A. S. Madame la Duchesse de Nemours, au nom de laquelle il prend l'investiture de cette Souveraineté; surquoy le sieur Procureur General a contre-protesté & demandé que sa contre-proteste soit redigée par écrit.

Messieurs des trois Estats ont jugé que la proteste du sieur de la Martiniere, & contre-proteste du sieur Procureur General seront redigées par écrit, sans neanmoins prejudicier aux Sentences qu'ils ont renduës, & qu'ils rendront encore sur ce sujet. Et sur ce que le sieur de la Martiniere a dit qu'il prenoit au nom de S. A. S. Madame la Duchesse de Nemours l'investiture de cét Estat, Messieurs des trois Estats ont declaré & jugé qu'il ne le peut, estant une chose contraire aux coustumes & franchises du païs.

Lesquelles choses ont ainsi esté jugées par les Nobles, vertueux & prudens sieurs Simon Merveilleux sieur de Bellevaux Chastelain de Thielle, Georges de Montmollin Docteur és Loix Chancelier, David Merveilleux, & Henry Tribolet Hardy Maire de Neuf. Chastel, tous quatre Conseillers d'Estat, pour le rang de la Noblesse. Le Capitaine Jacques Monin Chastelain du Landeron, Jonas Hory Docteur és Loix Chastelain de Boudry, Loüis Guy Conseiller d'Estat Maire de Rochefort, & Abraham Chambrier Maire de Vallengin, pour les Officiers. Rodolf Meuron, Daniel Chambrier Lieutenans de Ville, Antoine Perrot, & Abraham Bulot qui sont les quatre Ministraux de la ville de Neuf. Chastel, pour le tiers estat, au grand Poisle du Chasteau de Neuf-Chastel, le 17. jour du mois de Juillet l'an 1672.

Et sur ce-jourd'huy 18. jour dudit mois de Juillet 1672. ledit sieur de la Martiniere ayant prié Messieurs des trois Estats de luy donner un extrait de cette procedure, pour luy servir d'acte de diligence envers S. A. S. Madame la Duchesse de Nemours. Messieurs des trois Estats pour témoigner le respect qu'ils ont pour S. A. S. Madame la Duchesse de Nemours, le luy ont accordé.

Lesquelles choses ont ainsi esté jugées par les Nobles, vertueux & prudens sieurs Simon Merveilleux sieur de Bellevaux Chastelain de Thielle, Georges de Montmollin Docteur és Loix Chancelier, David Merveilleux, & Henry Tribolet Hardy Maire de Neuf-Chastel, tous quatre Conseillers d'Estat, pour le rang de la Noblesse. Le Capitaine Jacques Monin Chastelain de Landeron, Jonas Hory Docteur és Loix Chastelain de Boudry, Loüis Guy Conseiller d'Estat Maire de Rochefort, & Abraham Chambrier Maire de Vallengin, pour les Officiers. Rodolf Meuron, Daniël Chambrier Lieutenans de Ville, Antoine Perrot, & Abraham Bulot, qui sont les quatre Ministraux de la ville de Neuf-Chastel, pour le tiers estat, au grand Poisle du Chasteau de Neuf-Chastel le 18. jour de Juillet l'an 1672.

Nous François Pierre d'Affry Gouverneur & Lieutenant General des Comtez Souveraines de Neuf-Chastel & de Vallengin en Suisse, & au nom de S. A. S. Anne Geneviéve de Bourbon, Princesse du Sang, Duchesse de Longueville & d'Estouteville, Comtesse Souveraine desdirs Neuf-Chastel & de Vallengin, mere & Curatrice de S. A. Sereniffime Monseigneur Jean Loüis Charles d'Orleans son fils, par la grace de Dieu Prince Souverain desdites Comtez de Neuf-Chastel & de Vallengin, Duc de Longueville & d'Estouteville, &c. Sçavoir faisons qu'ayans convoqué Messieurs des trois Estats pour rendre leur Sentence, puisque les trois mois de delay qu'ils prirent le 17. Juillet passé sont expirez. Le sieur Jean Jacques de Thielle Procureur de la ville de Neuf-Chastel a protesté au nom du Conseil & de la Communauté de ladite ville, que quelque Sentence qui se rende, elle ne puisse en aucune façon que ce soit prejudicier à leurs franchises, libertez, usances & coustumes écrites & non écrites : mais Messieurs de Fontenay & David Procureurs de S. A. S. Madame la Duchesse de

---

Marginalia :

Les trois mois expirez le Gouverneur convoque les Estats.

La ville de Neuf-Chastel allegue ses coustumes écrites & non écrites.

Longueville, ont dit qu'il n'eſt pas neceſſaire de faire cette
proteſte, puiſque S. A. S. eſt dans le deſſein de les leur
conſerver & maintenir inviolablement ſans leur faire aucune innovation; les en ayant déja aſſuré par la lettre
qu'elle leur a écrite, & le leur promettant encore de ſa
part.

Enſuite Monſieur de Molondin ayant pris la place qu'on
avoit donnée à Monſieur de la Martiniere aux derniers
Eſtats, a produit les copies de deux Procurations que ſon
A. S. Madame la Ducheſſe de Nemours luy a donnée le
7. Juillet & le 6. Octobre ſuivant: Leſdits ſieurs de Fontenay & David ont dit que ne les ayant pas produites ſur le
jour des ſix ſemaines, elles ne peuvent eſtre d'aucune conſideration, ſi neanmoins elles ne ſont pas prejudiciables
aux droits de S. A. S. ils n'oppoſent pas qu'elles ne ſoient
leuës; aprés quoy ledit ſieur de Molondin les ayant fait
lire, & ayant luy même lû un écrit contenant des ſommations & proteſte, il eſt ſorty du Chaſteau avec ledit de
la Martiniere.

Mais leſdits ſieurs de Fontenay & David ayans demandé
qu'on reprimaſt l'inſolence, les cabales & le procedé ſeditieux dudit ſieur de Molondin, & les attentats qu'il a
commis contre la Souveraineté de cét Eſtat, les franchiſes, & libertez du païs, & la tranquillité publique depuis
le deceds de ſon A. S. nous en avons demandé l'avis de
Meſſieurs des trois Eſtats; leſquels ont rapporté que nous
le devions faire arreſter, en attendant qu'on ait deliberé
plus outre ſur cette affaire, ce qu'ayans fait executer par
des Officiers & Sergens; & leſdits ſieurs de Fontenay &
David ayans inſté que la Sentence ſoit renduë touchant
l'inveſtiture de cette Souveraineté, Meſſieurs des trois
Eſtats ont demandé que la Procuration dudit ſieur David,
& les autres actes qu'il a en main ſoient leuës, ce qui a eſté
fait, & contiennent ce qui ſuit.

PArdevant les Notaires Gardenotes du Roy noſtre Sire, en ſon Chaſtelet de Paris, ſous-ſignez fut preſente
tres-Haute & Sereniſſime Princeſſe Madame Anne Gene-

riéve de Bourbon, Princeſſe du Sang, Ducheſſe de Longueville, Veuve de tres-Haut & Puiſſant Prince Monſeigneur Henry d'Orleans Duc de Longueville & d'Eſ-
routeville, Pair de France, Prince Souverain des Comtez
de Neuf-Chaſtel & de Vallengin en Suiſſe, Comte de Dunois, ſaint Paul, Taucarviile & autres lieux, Chevalier des
Ordres du Roy, Gouverneur & Lieutenant General pour
Sa Majeſté en ſa Province de Normandie, demeurant à
Paris en ſon Hoſtel, ruë S. Thomas du Louvre, Paroiſſe
ſaint Germain de Lauxerrois : au nom & comme mere &
Curatrice de Monſeigneur Jean Loüis Charles d'Orleans
ſon fils, Prince Souverain des Comtez de Neuf-Chaſtel
& de Vallengin en Suiſſe, tant en vertu de la clauſe de retour appoſée à la donation par luy faite le 21. mars 1668.
à défunt Monſeigneur Charles Paris d'Orleans Duc de
Longueville ſon frere, deſdites Souverainetez, & des parts
& portions à luy appartenantes en icelles, que comme heritier dudit défunt ſieur Duc de Longueville ; laquelle
Dame Princeſſe a fait & conſtitué ſon Procureur general
& ſpecial le ſieur Henry David Conſeiller & Secretaire
de ſon Alteſſe Sereniſſime, & ayant la direction generale
de ſes affaires eſdites Comtez, auquel ſadite Alteſſe Sereniſſime donne pouvoir de pour elle audit nom de Curatrice, conjointement avec Meſſire Claude de Nocey Chevalier Seigneur de Fontenay, auquel madite Dame a auſſi
cy-devant paſſé Procuration, à laquelle ces preſentes ne
pourront faire prejudice, ou ſeparément en cas d'abſence
ou de maladie dudit ſieur de Fontenay ſeulement, demander l'inveſtiture deſdites Comtez Souveraines de Neuf-
Chaſtel & de Vallengin, leurs appartenances, dépendances & annexes; requerir tous actes neceſsaires, & faire au
ſurplus ce que ledit ſieur Procureur, & ledit ſieur de Fontenay trouveront à propos à ce ſujet, & generalement
comme pourroit faire S. A. S. ſi en perſonne y eſtoit, encore que le cas requis mandement plus ſpecial. Et arrivant
abſence ou maladie dudit ſieur David, ledit ſieur de Fontenay pourra agir ſeul en vertu de ſa Procuration ; promettant madite Dame avoir le tout pour agreable, obli-

geant, &c. Fait & passé à Paris audit Hostel de Longueville, l'an 1672. le 23. jour de Septembre avant midy, & a signé, Anne Geneviéve de Bourbon, & plus bas, L. Pavyor, & L. Routier.

Extrait des Registres du Conseil d'Estat.

Arrest qui declare que la Curatelle est pour les biens presens & avenir.

SUR ce qui a esté representé au Roy estant en son Conseil, que par son Arrest du 20. Avril 1672. pour les causes y contenuës, & conformément à l'avis des parens paternels & maternels de Messire Jean Loüis Charles Abbé d'Orleans, Sa Majesté auroit interdit ledit sieur Abbé d'Orleans de l'administration de ses biens, & nommé la Dame Duchesse de Longueville sa mere Curatrice à sa personne & à l'administration de sesdits biens. Et quoy qu'il n'y ait pas lieu de douter que par ledit Arrest Sadite Majesté ait donné à ladite Dame l'administration non seulement des biens que possedoit lors ledit sieur Abbé d'Orleans son fils, mais aussi de tous ceux qu'il pourroit avoir à l'avenir. Sa Majesté ayant esté informée que l'on vouloit restraindre ladite administration aux seuls biens que possedoit lors ledit sieur Abbé d'Orleans, & que l'on pretendoit qu'elle ne se pouvoit estendre à tous ceux qui luy estoient retournez & écheus par le deceds du sieur Duc de Longueville son frere, ce qui seroit contraire à ses intentions, & à l'effet ordinaire de toutes les Tutelles & Curatelles qui s'estendent toûjours à tous les biens presens & avenir. VEU ledit Arrest du 20. Avril & tout consideré. LE ROY ESTANT EN SON CONSEIL, a ordonné & ordonne que ledit Arrest du 20. Avril dernier sera executé selon la forme & teneur; & conformément à iceluy, ladite Dame Duchesse de Longueville continuëra d'estre Curatrice à la personne dudit sieur Abbé d'Orleans, & à l'administration de tous les biens qu'il avoit lors dudit Arrest; Ensemble de tous ceux qui luy sont retournez & écheus par le deceds dudit sieur Duc de Longueville son frere, & qui luy pourroient écheoir à l'avenir par succession, & donation ou autrement, en quelque sorte & maniere que se

puisse·

puisse estre. A fait Sadite Majesté inhibitions & deffenses à toutes personnes de troubler ladite Dame Duchesse de Longueville en l'administration de tous lesdits biens & pour l'execution du present Arrest, & de celuy du 20. Avril dernier seront expediées, si besoin est, toutes lettres à ce necessaires. FAIT au Conseil d'Estat du Roy, Sa Majesté y estant, tenu à saint Germain en Laye, le 26. jour d'Aoust 1672. Signé COLBERT. Et y estoit annexé & attaché avec le petit scel du Roy sur cire jaune ce qui suit.

LOUIS par la grace de Dieu Roy de France & de Navarre: Au premier nostre Huissier ou Sergent sur ce requis, Nous te mandons & commandons par ces presentes signée de nostre main, que l'Arrest dont l'Extrait est cy-attaché sous le contrescel de nostre Chancellerie ce-jourd'huy donné en nostre Conseil d'Estat, Nous y estant, Tu signifie à tous qu'il appartiendra, à ce qu'aucun n'en pretende cause d'ignorance, & fasse pour l'entiere execution d'iceluy tous commandemens, sommations, & autres actes necessaires, sans pour ce demander autre permission, nonobstant clameur de haro, Chartre Normande, & autres lettres à ce contraires : CAR tel est nostre plaisir. DONNE' à saint Germain en Laye le 26. jour d'Aoust l'an de grace 1672. Et de nostre Regne le trentiéme. Signé LOUIS, & plus bas, Par le Roy, COLBERT. Et scellé du grand sceau du Roy sur cire jaune.

De l'avis de Messeigneurs les parens & amis de Monseigneur Jean Loüis Charles Abbé d'Orleans Duc de Longueville, Prince Souverain de Neuf-Chastel & de Vallengin en Suisse, Comte de Dunois & autres lieux; sçavoir de Tres-Haut & Puissant Prince Monseigneur Loüis de Bourbon Prince de Condé, premier Prince du Sang; de Tres-Haut & Puissant Prince Monseigneur Henry Jules de Bourbon Duc d'Anguien Prince du Sang ; de Tres-Haut & Serenissime Prince Monseigneur Eugene de Savoye Comte de Soissons, Colonel general des Suisses & Grisons; de Tres-Haut & Puissant Seigneur Monsei-

M

gneur Henry de Levy Duc de Vantadour, de Tres-Haut & Puissant Seigneur Monseigneur Henry de Cossé Duc de Brisac; de Tres-Haut & Puissant Prince Monseigneur Godefroy Maurice de la Tour-d'Auvergne Souverain Duc de Boüillon; de Tres-Haut & Puissant Prince Monseigneur François de Rohan Duc de Soubise; de Tres-Haut & Puissant Seigneur Monseigneur Pierre de Gondy Duc de Rets; & de Tres-Haut & Puissant Prince Monseigneur Henry Duc de la Trimoüille, porté par quatre actes en dattes des 28. 29. & 30. Septembre dernier, 2. & 3. du present mois d'Octobre, tous estans en minutes és mains de Routier, l'un des Notaires sous-signez, & a esté tiré & extrait l'article qui ensuit.

Mesdits Seigneurs declarent que lors qu'ils ont nommé Madame la Duchesse de Longueville pour Curatrice dudit Seigneur Abbé d'Orleans, & à l'administration de ses biens, & le sieur le Porquier pour en recevoir les revenus, & les distribuer par ses ordres; leur intention a esté de la nommer, & ils la nomment tant pour les biens presens dudit sieur Abbé, que de ceux qui luy pourroient écheoir à l'avenir, & ledit sieur Porquier pour les recevoir; & sont d'avis que ladite Dame en cette qualité de Curatrice soustienne tous les procez que pourroit avoir ledit Seigneur Abbé d'Orleans. Ce que dessus a esté pris, extrait & colligé sur les minutes desdits actes, par les Notaires Gardenottes du Roy nostre Sire, en son Chastelet de Paris sous-signez, ce 12. jour d'Octobre 1672. Signé L. Pavyot & Routier.

Jean le Camus Chevalier Conseiller du Roy en ses Conseils, Maistre des Requestes ordinaire de son Hostel, & Lieutenant Civil de la Ville, Prevosté & Vicomté de Paris; certifions à tous qu'il appartiendra, que Pavyot & Routier sont Notaires Gardenottes du Roy nostre Sire, en son Chastelet de Paris, & que foy est ajoustée aux actes & Contracts qui sont par eux receus & passez. En témoin dequoy nous avons signé ces presentes, à icelles fait apposer le sceau de nos armes, & contre-signer par nostre Secretaire ordinaire, à Paris ce 14. Octobre 1672. Signé, le Camus, & plus bas par mondit Seigneur, de Voisins.

Aprés laquelle lecture , lesdits sieurs de Fontenay & David ayans demandé à Messieurs des trois Estats que la Sentence fût renduë sur l'investiture de cette Souveraineté, au retour de la Chambre de Consultation , ils ont rapporté leur Sentence , laquelle ils avoient fait rediger par écrit, contenant ce qui suit.

Messieurs des trois Estats ayans consideré que son Altesse Serenissime Madame la Duchesse de Nemours a renoncé par son Contract de mariage à la succession future de Messeigneurs ses freres au profit du survivant d'eux: que si même elle n'avoit pas fait cette renonciation , elle ne pourroit neanmoins pretendre aucune part à la Souveraineté de Neuf-Chastel ny à ses dépendances , puis qu'elle est indivisible , & que les mâles y succedent à l'exclusion des filles ; & les aisnez à l'exclusion de leurs cadets , suivant l'ordre observé depuis plusieurs siecles , qui doit estre suivy comme une coustume inviolable ; Qu'il n'y a aucune apparence que défunt Monseigneur le Duc de Longueville son frere ait eu intention de l'instituer son heritiere dans le Testament qu'elle a produit, n'y ayant qu'une simple énonciation qui n'est accompagnée des formalitez requises , pour une institution d'heritier ; Que d'ailleurs il ne pouvoit pas disposer de cét Estat par Testament, puisque Monseigneur le Duc de Longueville son frere aisné, à qui seul il appartenoit par la coustume, avoit expressément reservé en luy en faisant donation , qu'il luy retourneroit de plein droit si Monseigneur son frere, qui l'accepta à cette condition , mouroit sans enfans; Pour ces raisons, ensuite de la resolution déja unanimement prise sur le jour des six semaines, ils ont jugé que les sieurs de Fontenay & David, comme Procureurs de son Altesse Serenissime Madame la Duchesse de Longueville, au nom & comme mere & Curatrice de son Altesse Serenissime Monseigneur Jean Loüis Charles d'Orleans Duc de Longueville son fils, doivent estre investus dudit Comté de Neuf-Chastel, de la Seigneurie de Vallengin, & des autres appartenances, dépendances, & annexes de ladite Souveraineté de Neuf-Chastel. Au reste Sa Majesté Tres-Chrestienne juge du domicile de son Altesse Sereniſſime Monſeigneur le Duc de Longueville, ayant conformément de à l'avis des parens paternels & maternels de mondit Seigneur, donné pour Curatrice à ſa perſonne & à l'adminiſtration de ſes biens ſon Altesse Sereniſſime Madame la Ducheſse de Longueville ſa mere, Meſſieurs des trois Eſtats ont declaré que les oppoſitions de Madame la Ducheſse de Nemours ſur cette Curatelle ſont mal fondées, & qu'elle doit avoir lieu pour la Comté de Neuf-Chaſtel & ſes dépendances, ſuivant ce qui a eſté pratiqué pendant les minoritez des Princes.

Enſuite dequoy nous le Gouverneur avons inveſtus leſdits ſieur de Fontenay & David, au nom qu'ils agiſsent, par attouchement fait ſur le Sceptre que nous tenions en nos mains.

Iugement contre Molondin.

Aprés quoy ayant fait rentrer en Chambre Meſſieurs des trois Eſtats, pour rendre le Jugement qu'on leur a demandé contre ledit ſieur de Molondin, ils ont rapporté qu'ayans conſideré ſon procedé inſolent & ſeditieux, les attentats contre S. A. S. & la Souveraineté de cét Eſtat, & les choſes qu'il a faites contre la Puiſsance publique, l'authorité des trois Eſtats, les franchiſes du païs, & la tranquillité publique, ils ont unanimement jugé qu'il auroit merité d'eſtre puny corporellement, mais pour le reſpeſt qu'on a pour Madame la Ducheſse de Nemours, ils ne le condamnent qu'à ſortir promptement de cette Ville, & dans vingt-quatre heures des Eſtats de ſon Altesse Sereniſſime, ſans qu'il y puiſse jamais rentrer, l'en banniſsant à perpetuité, & adjugeant à ſon Altesse Sereniſſime tous les biens qui luy appartiennent dans cette Souveraineté. En outre qu'ils mettent à neant les proteſtes que ledit ſieur de la Martiniere a faites cy-devant, & celle que ledit ſieur de Molondin a faites aujourd'huy; enſemble toutes leurs ſommations & procedures depuis le deceds de ſon Altesse Sereniſſime; ordonnans au reſte aux ſieurs Treſoriers & Receveurs de ſon A. S. de continuer à payer ſuivant les ordres qu'ils en recevront de ſon A. S. Madame la Ducheſse de Longueville, où de Monſieur le Gouverneur, comme ils ont fait jusques à present. Declarant que jamais eux ny les leurs, n'en pourront estre recherchez, inquietez ny molestez en aucune maniere, sous quelque pretexte que ce soit.

Et sur l'instance faite par lesdits sieurs de Fontenay & David, on leur a accordé toute la procedure par écrit.

Lesquelles choses ont ainsi esté jugées par les Nobles vertueux & prudens sieurs Simon Merveilleux sieur de Bellevaux Chastelain de Thielle, Georges de Montmollin Docteur és Loix Chancelier, David Merveilleux, & Henry Tribolet Hardy Maire de Neuf-Chastel, tous quatre Conseillers d'Estat, pour le rang de la Noblesse. Le Capitaine Jacques Honin Chastelain du Landeron, Jonas Hory Docteur és Loix Chastelain de Boudry, Loüis Guy Conseiller d'Estat Maire de Rochefort, & Abraham Chambrier Maire de Vallengin, pour les Officiers. Rodolf Meuron, Daniël Chambrier Lieutenans de Ville. Antoine Perrot, & Abraham Bulot qui sont les quatre Ministraux de la ville de Neuf-Chastel, pour le tiers Estat, au grand Poisle du Chasteau de Neuf-Chastel, le 17. jour du mois d'Octobre l'an 1672. d'Affry. H. Fleury Secretaire du Conseil d'Estat; & à costé, par Ordonnance de Monseigneur le Gouverneur.

Procurations données par Madame la Duchesse de Nemours à Monsieur de Molondin.

Premiere Procuration.

A Tous ceux qui ces presentes Lettres verront Achilles de Harlay Chevalier Comte de Beaumont, Seigneur de Stin & autres lieux, Conseiller du Roy en tous ses Conseils, Procureur General de Sa Majesté, & Garde de la Prevosté Vicomté de Paris le Siege vacant. Salut sçavoir faisons que pardevant Pierre Ferret, & Simon Mousle

Comme cette Procuration est toute pareille à celle qui est cy-dessus p. 6. Il y faut avoir recours pour y voir les nottes.

le jeune Notaires Gardenottes de Sa Majesté en son Chastelet de Paris sous-signez. Fut presente tres-Haute & tres-Puissante Princesse Madame Marie d'Orleans, Veuve de défunt tres-Haut & Puissant Prince Monseigneur Henry de Savoye Duc de Nemours & de Genevois, Pair de France demeurant à Paris en l'Hostel de Soissons, ruë des deux Ecus, Paroisse saint Eustache, habile à se dire & porter heritiere, & plus proche à succeder aux biens de défunt tres-Haut & tres-Puissant Prince Monseigneur Charles Paris d'Orleans son frere, vivant Souverain de Neuf-Chastel & de Vallengin en Suisse, Duc de Longueville, Pair de France, decedé le 12. jour de Juin dernier au service du Roy en son armée au passage du Rhin à Tholuis, laquelle a fait & constitué son Procureur general & special, la generalité ne dérogeant à la specialité ny au contraire, Monsieur François Loüis de Stavay Seigneur de Molondin, auquel madite Dame Duchesse de Nemours a donné pouvoir & puissance de se transporter esdites Souverainetez de Neuf-Chastel & de Vallengin en Suisse, & là pour & au nom de madite Dame prendre possession réelle & actuelle desdites Souverainetez de Neuf-Chastel & de Vallengin, & de leurs annexes, circonstances & dépendances, en *requerir* & prendre aussi l'investiture, si besoin est, observer les formes en tel cas *requises & accoustumées*, en retirer tous actes necessaires, & generalement faire pour raisõ de ladite prise de possession & de ladite investiture, & en consequence d'icelle, tout ce que ledit sieur Procureur verra bon estre comme madite Dame Duchesse de Nemours pourroit faire en personne, comme aussi substituer un ou plusieurs Procureurs en tout ou partie du pouvoir porté en ces presentes, si ledit Procureur presentement constitué le trouve à propos; promettant madite Dame avoir agreable tout ce qui sera fait par sondit Procureur pour ladite prise de possession & investiture sous l'obligation de tous ses biens; en témoin de ce, nous à la relation desdits Notaires avons fait apposer le scel d'icelle Prevosté de Paris à cesdites presentes, qui furent faites & passées à Paris audit Hoſtel de Soiſsons, l'an 1672. le 7. jour de Juillet aprés midy, & a ſigné la minute des preſentes demeurée audit Moufle Notaire, Signé Ferret & Moufle.

Nous Jean le Camus Chevalier Conſeiller du Roy en tous ſes Conſeils, Maiſtre des Requeſtes ordinaire de ſon Hoſtel, & Lieutenant Civil de la Ville, Prevoſté & Vicomté de Paris; certifions & atteſtons à tous qu'il appartiendra que Ferret & Moufle qui ont receu la Procuration cy-devant écrite ſont Notaires au Chaſtelet de Paris, que foy eſt adjouſtée aux actes par eux receus & paſſez, tant en Jugement que dehors. En témoin dequoy nous avons ſigné ces preſentes de noſtre main, fait contre-ſigner par noſtre Secretaire, & à icelle fait appoſer le cachet de nos armes, à Paris ce-jourd'huy 8. Juillet 1672. Signé le Camus. P. S. par mondit Seigneur, Saulet.

La preſente copie eſt conforme à ſon original de mot en mot, & collationnée par moy ſous-ſigné, Jean George Wagner Secretaire d'Eſtat de la Ville & Canton de Soleure en Suiſse; en foy dequoy j'ay appoſé le cachet ordinaire de mes armes, ce-jourd'huy 24. jour du mois d'Octobre 1672. Signé Jean Georges le Wagner, & ſcelé de ſon cachet.

Nous ſous-ſignez Jean Jacques Fleury Secretaire du Conſeil d'Eſtat eſtably en la Souveraineté de Neuf-Chaſtel & de Vallengin, & François Loüis Perroud Greffier de la Juſtice de la ville de Neuf-Chaſtel; Certifions & atteſtons qu'en execution d'un Arreſt donné audit Conſeil d'Eſtat le 25. de Juin dernier paſsé, nous avons collationné la copie cy-deſsus, ſur une copie qui eſt en papier, ſigné & ſcelé comme il eſt dit dans icelle. En foy dequoy nous l'avons ſignée en ladite ville de Neuf-Chaſtel le 4. Juillet 1673. ainſi ſigné Jean Jacques Fleury, un paraphe.

36

Seconde Procuration.

PArdevant les Notaires Gardenotes du Roy nostre Sire, en son Chastelet de Paris, sous-signez, fut presente, tres-Haute, & tres-Puissante Princesse Madame Marie d'Orleans, Veuve de défunt tres-Haut & Puissant Prince Monseigneur Henry de Savoye Duc de Nemours, & de Genevois, Pair de France *habile à succeder à défunt* tres-Haut & tres-Puissant Prince Messire Charles Paris d'Orleans son frere, vivant Duc de Longueville & d'Estouteville, Pair de France, Prince Souverain de Neuf-Chastel & de Vallengin en Suisse : laquelle a fait & constitué son Procureur general & special Messire François Loüis de Stavay Chevalier Seigneur de Molondin, auquel madite Dame Duchesse a donné pouvoir & puissance de comparoir en l'Assemblée de Messieurs des Estats de ladite Principauté de Neuf-Chastel, & en cas qu'ils voulussent connoistre des differens d'entre Madame la Duchesse de Longueville, Veuve de défunt mondit Seigneur Duc de Longueville, & madite Dame Duchesse de Nemours, pour raison de ladite Principauté, circonstances & dépendances d'icelle, pour les juger & decider, declarer pour & au nom de madite Dame constituante, que lesdits sieurs des Estats sont Juges incompetens en cette affaire, s'agissant de la Souveraineté, dont lesdits sieurs, comme sujets de madite Dame constituante, ne peuvent entrer en connoissance, ny pretendre que son Altesse se doive estre soumise à leur Jugement, & ou au prejudice de

ladite declaration ils voudroient passer outre, protester de nullité de tous Jugemens & Sentences qui pourroient intervenir, tant pour les raisons susdites que pour les autres qui seront deduites & alleguées par ledit sieur Procureur, ainsi qu'il verra bon estre ; *Madite Dame luy donnant de plus pouvoir de se pourveoir pour faire juger lesdits differends pardevant tels autres Iuges que ledit sieur Procureur avisera, pour & au nom de madite Dame constituante.* Comme aussi de faire saisir & arrester tous les fruits & revenus écheus & à échoir

desdites

defdites Principautez de Neuf-Chaftel & de Vallengin, és mains des Receveurs & Fermiers d'iceux, & de toutes autres perfonnes qu'il appartiendra, & fur ce que deffus faire tout ce que ledit fieur Procureur avifera ; & generalement agir felon les occafions, ainfi qu'il jugera pour le mieux : Promettant, obligeant, &c. Fait & paffé à Paris en l'Hoftel de Soiffons, demeure de madite Dame Ducheffe de Nemours, fcife ruë des deux Ecus, Paroiffe faint Euftache, l'an 1672. le 6. jour d'Octobre aprés midy, & a figné. Signé, Marie d'Orleans. LE Vaffeur, & Moufle.

Jean le Camus Chevalier Confeiller du Roy en fes Confeils, Maiftre des Requeftes ordinaire de fon Hoftel, & Lieutenant Civil de la Ville, Prevofté & Vicomté de Paris ; certifions à tous qu'il appartiendra, que le Vaffeur & Moufle, font Notaires Gardenotes du Roy noftre Sire, en fon Chaftelet de Paris, & que foy eft ajouftée aux Actes & Contracts qui font par eux receus & paffez ; en témoin dequoy nous avons figné ces prefentes, à icelles fait appofer le fceau de nos armes, & contre-figner par noftre Secretaire ordinaire, à Paris ce 16.jour d'Octobre 1672. Signé, LE Camus, L. S. par mondit Seigneur, DE Voifins.

La prefente copie eft conforme à fon original de mot en mot, & collationnée par moy fous-figné, Jean George Wagner Secretaire d'Eftat de la Ville & Canton de Soleure en Suiffe ; en foy dequoy j'ay appofé le cachet ordinaire de mes armes, ce jourd'huy 24. jour du mois d'Octobre 1672. Signé Jean Georges le Wagner, & fcelé de fon cachet.

Nous fous-fignez Jean Jacques Fleury Secretaire du Confeil d'Eftat eftably en la Souveraineté de Neuf-Chaftel & de Vallengin, & François Loüis Perroud Greffier de la Juftice de la ville de Neuf-Chaftel ; Certifions & atteftons qu'en execution d'un Arreft donné audit Confeil d'Eftat le 25. de Juin dernier paffé, nous avons collationné la copie cy-deffus, fur une copie qui eft en papier, figné & fcelé comme il eft dit dans icelle. En affaire, & qu'il eſtoit contant d'obſerver inviolablement l'alliance qui eſt entre la Couronne de France & les Suiſſes, & s'offroit de laiſſer entierement à la Juſtice ſon cours; toutefois ſans avoir égard à cette réponſe, il permit à la Reine d'Ecoſſe de ſuivre en Juſtice à Paris la Marquiſe; & cela fut cauſe qu'elle envoya derechef ſon Ambaſſade à Berne, pour avoir leur conſeil & leur aſſiſtance; elle ſe pleignit tout de bon de cette procedure devant le Conſeil de Berne le 18. de May, & repreſenta que ces Juſtices étrangeres eſtoient de dangereuſe ſuite & conſequence, non ſeulement pour la ville de Berne à cauſe de la Combourgeoiſie, mais auſſi pour les Comtez, & pour tout le Comté de Neuf-Chaſtel, parce qu'apparemment on s'en voudroit toûjours ſervir à l'avenir, & ainſi ruïner de fond en comble tout le païs, & témoignerent *que la Juſtice ſuprême s'eſtoit toûjours conſervée l'autorité de decider les affaires de cette importance, voir meſme les differens qui ſe ſuſcitent entre leurs Princes*; en ſorte que la Reine d'Ecoſſe comme mere de feu le Duc de Longueville, fit auſſi citer à Neuf-Chaſtel le défunt Marquis de Rothelin ſon oncle, à quoy ledit Marquis, enſemble les Dames de Nemours & de Rothelin, conſentirent comme à une choſe juſte, équitable & acouſtumée. *Item.* Que ſi la Juſtice ſuprême de Neuf-Chaſtel eſtoit diſtraite, que cela porteroit du prejudice aux alliances dans leſquelles eſt compris le Comté de Neuf-Chaſtel, & les Princes même en vertu du droit de Bourgeoiſie, & auſſi que les Cantons dans la reſtitution qu'ils en firent à Madame Jeanne de Hochberg, reſerverent expreſſément qu'elle, ſes enfans & ſa poſterité devoient joüir & poſſeder ledit Comté aux mêmes droits & preéminences, qu'eux leſdits Cantons avoient fait cy-devant, ſupliant humblement ceux de Berne, comme ayant eſté juſques icy leurs Protecteurs, & qui ſelon leurs eſperances continuëront de l'eſtre à l'avenir, de les aſſiſter de leurs conſeil, aide & aſſiſtance, & de vouloir pour la conſervation de leurs privileges, franchiſes & droits, envoyer en France des Deputez de leur Conſeil pour informer le Roy, autant qu'il ſera neceſſaire, de l'estat de la chose, & des consequences. Ainsi on envoya derechef une lettre au Roy par un Courier exprés, avec une forte information de l'importance de la procedure tenuë contre la Marquise, & une humble priere de ne pas grever ladite Marquise par des justices nouvelles & non acoustumées. Le Roy fit réponse à cette lettre par une autre du 23. Juin, qu'il ne souhaitoit en aucune façon d'entreprendre la moindre chose qui pût estre contraire aux alliances, & qu'il vouloit mettre si bon ordre aux differens, que la ville de Berne à l'avenir n'en seroit plus inquietée ny en peine. Et pour l'accomplissement des promesses du Roy, les parties furent renvoyées du Parlement de Paris à Neuf-Chastel; le Duc de Nemours aussi bien que la Marquise de Rothelin confirmez dans la possession & l'investiture; & la Reine d'Escosse condamnée & déboutée judicialement de son injuste action.

Nous sous-signez Jean Jacques Fleury Secretaire du Conseil d'Estat étably en la Souveraineté de Neuf-Châtel & de Vallengin; & François Loüis Perroud Greffier en la Justice de Neuf-Chastel, certifions & attestons en execution d'un Arrest dudit Conseil d'Estat du 28. de Juin de cette année, que cét Extrait est tiré desdites Annales, comme il est dit cy-devant, & que la traduction d'Allemand en François, en a esté faite fidellement & sans changement du sens. Fait en la ville de Neuf-Chastel ce 4. Juillet 1673. J. J. FLEURY. L. PERROUD.

Lettres Patentes des Rois Charles I X. &
Henry I I I. par lesquelles en creant Ma-
dame Marie de Bourbon Duchesse de Lon-
gueville, Tutrice de Messieurs ses enfans
mineurs, ils declarent que sa Tutelle a lieu,
non seulement dans le Royaume, mais même
dans les païs étrangers, & pour les biens qui
y sont scituez.

CHarles par la grace de Dieu, Roy de France: A tous ceux qui ces presentes Lettres verront, salut, sçavoir faisons, que Nous en faveur & consideration des grands, agreables & recommandables services que nous a faits, & à cette Couronne, défunt Nostre tres-cher & amé cousin Leonor d'Orleans, quant vivoit, Duc de Longueville, & d'Estouteville, Marquis de Rothelin, Comte de Neuf-Chastel, & de Dunois, desirant pourvoir à l'entretenement & gouvernement des personnes & biens de ses enfans mineurs d'ans, tant pour les susdites causes que pour la proximité du sang, dont ils nous atteignent, & deuëment informez & asseurez que nostre tres-chere & bien aimée cousine Marie de Bourbon, d'Estouteville, Duchesse de Longueville & d'Estouteville sa Veuve, leur porte une tres grande & singuliere affection ; & qu'autre qu'elle ne pourroit mieux & plus soigneusement traiter, élever, garder & acroistre leurs biens, conduire leurs affaires & procés qu'ils ont & peuvent avoir à cause des grandes Terres, Seigneuries & possessions qui leur appartiennent, tant en cettuy nostre Royaume, que hors iceluy ; & que ja pour ces causes, Nous avons à nostredite cousine fait don & octroy de la Gardenoble qui nous appartenoit de nosdits cousins ses enfans, à cause des biens à eux appartenans en nostre Duché de Normandie, selon la Coustume d'iceluy ; icelle nostredite cousine pour ces considerations, & autres à ce nous mouvans, & nous confians à plein de l'amour naturelle, maternelle, bonne affection, & diligence qu'elle a porté à nosdits cousins ses enfans, & à leur bien & grandeur. Avons de nostre certaine science, pleine puissance & autorité Royale, creé, faite & decerné; créons, faisons & decernons par ces presentes, Tutrice & Curatrice aux personnes & biens de nosdits cousins ses enfans, & de nostredit feu cousin le Duc de Longueville & d'Estouteville son mary, & à icelle Nous avons donné & donnons tout pouvoir, puissance, autorité & mandement de regir, administrer & gouverner leurs personnes & biens, conduire leurs affaires, procés & negoces qu'ils ont & pourront avoir, tant en cettuy nostre Royaume, és Cours de Parlement & autres Juges inferieurs, *que hors iceluy*, soit en la Chambre Imperiale, ou pardevant autres Princes, Seigneurs & Potentats, tout ainsi que feu nostredit cousin son mary faisoit & pourroit faire s'il estoit vivant; validons & autorisons tous actes, poursuites & diligences que nostredite cousine, comme mere, Tutrice & Curatrice, & ayant le Bail & Gardenoble de nosdits cousins ses enfans, ou par ses Procureurs, Commis & Deputez sera fait, poursuivy, geré & negotié pour les biens, procés & affaires de nosdits cousins. SI DONNONS en mandement à nos amez & feaux Conseillers les gens tenans nos Cours de Parlemens de Paris, Roüen, Bourgogne; & à tous nos Baillifs, Senéchaux ou Prevosts, ainsi comme à chacun d'eux pourra & devra appartenir, qu'ils facent enregistrer ces presentes aux Greffes de nosdites Cours de Parlemens; & du contenu en icelles facent jouïr & user nostredite cousine, sans luy donner ou souffrir estre donné aucun empéchement; & si fait luy estoit, le facent cesser incontinent sans delay; nonobstant uz, stile, rigueur de droit, & toutes autres choses à ce contraires. CAR tel est nostre plaisir. DONNE' à saint Germain en Laye le 28. jour de Decembre, l'an de grace 1573. & de nostre Regne le quatorziéme. Signé sur le repl.y, Par le Roy, de Neufville, & scelé en queuë de cire jaune.

HENRY par la grâce de Dieu, Roy de France & de Pologne, à tous ceux qui ces presentes Lettres verront salut: Nostre tres-cher, & tres-amé cousin Leonor d'Orleans Duc de Longueville, Comte de Dunois & de Neuf-Chastel, ayant laissé par son deceds nostre treschere & tres-amée cousine Marie de Bourbon son Espouse, Veuve, & nos tres-amez cousins Henry, François, & Leonore d'Orleans ses enfans mineurs, le Roy Charles nostre frere & predecesseur d'heureuse memoire, fit & institua ladite de Bourbon, Tutrice & Curatrice des enfans nez d'elle & dudit d'Orleans, & luy commit le gouvernement de leurs personnes, & l'administration de leurs biens, avec un plein & entier pouvoir de poursuivre & défendre leurs droits, noms & actions, comme il nous a duëment paru par les Lettres Patentes dudit Roy nostre predecesseur, signées de sa propre main, scelées de son grand sceau, & souscrites de son Secretaire, données à Paris le 1. Septembre 1573. en vertu desquelles Lettres nostredite cousine, comme vraye & legitime Tutrice, & Curatrice, faite & instituée par ledit Seigneur Roy, s'est aquitée en cette qualité, & s'aquite

HENRICVS Dei gratiâ Franciæ & Poloniæ Rex, omnibus præsentes literas inspecturis salutem. Quum post decessum ab humanis charissimi quamdam & dilectissimi consanguinei nostri Leonorij d'Orleans Ducis Longavillæ, Comitis Dunensis & Neoconzi, relictâ nobis etiam charissimâ & dilectissimâ consanguineâ Mariâ de Borbonio ejus uxor, Henrico, Francisco & Leonore filiis, etiam dilectissimis nostris consanguineis, felicis memorie Carolus Rex frater & antecessor noster dictam de Borbonio ejus & dicti d'Orleans liberorum Tutricem ac Curatricem decrevisset ac ordinasset, illorúmque ac bonorum administrationem commisisset cum plenâ & liberâ potestate, jurium, nominum & actionum prosequendi & defendendi, ut literis patentibus dicti predecessoris nostri datis Parisiis primâ die Septembris anno Domini millesimo quingentesimo septuagesimo tertio, propriâ illius manu subsignatis, & magno ejus sigillo cum subscriptione Secretarii sigilatis, nobis fuit legitime facta fides, virtute quarum litterarum dicta nostra consanguinea ab illâ de suos liberos eorúmque bona, omnia iura, nomina & actiones, tam in iure quam extra ius, tam agendo quam defendendo, tanquam vera & legitima Tutrix & Curatrix

Curatrix à dicto Rege decreta & ordinata; eoque nomine pruden- ter, diligenter & fideliter pro- curaverit, administraverit at- que prosequuta fuerit, hodie- que etiamnum prosequatur, ad- ministret & procuret, ut piam matrem optimam & diligentissi- mam matrem familias decet, nec ullus hominum, nec iudicum quis- quam, eam illius qualitatem in dubiam vocaverit, ne nostra qui- dem Parlamenta, quum quotidie illi eo nomine ius omnibus in cau- sis quas aut agendo prosequitur aut excipiendo defendit reddant, quæ cum nobis proceribusque & nostri regni incolis notoria sunt, æquam non est à quoquam in du- biam revocari : Attamen cum di- Ets de Borbonio vidua mater & Tutorio nomine suorum liberorum causam pridem per dictum suum maritum institutam adversus il- lustrissimam Archiducem Austriæ & clarissimam Badæ Marchio- nem pro suo iure & interesse pro- prio interveniens liti, quæ inter eosdem pro Marchionatu Rotheli- nii, aliisque hærediis pendebat indecisa, in clarissimâ & famo- sissimâ Camerâ Imperiali Spiræ constituta, in se recepisset & in locum sui mariti suscepisset, prout de iure cœptæ lites in successores universales transeunt, eamque per procuratorem ab eâ constitu- tam promovere & persequi vellet,

encore à present, avec pruden- ce, diligence & fidelité, du gouvernement desdits enfans, & de l'administration de tous leurs biens, droits, noms, & a- ctions, tant en justice qu'ailleurs soit en demandant, soit en dé- fendant, comme une tres-bon- ne & tres-soigneuse mere de fa- mille doit faire. Personne ne luy a contesté cette qualité, aucun Juge ne la mise en doute, & nos Parlemens luy rendent tous les jours Justice en cette qualité de Tutrice, dans toutes les affaires qu'elle a, tant en demandant qu'en défendant; comme ces choses nous sont notoires, & aux grands & aux habitans de nostre Royaume, il n'est pas juste qu'elles soient revoquées en doute par qui que ce soit; cependant ladite Veuve de Bourbon mere intervenante, en qualité de Tutrice de ses en- fans, au procés intenté il y a- voit long-temps par son mary, contre l'Illustrissime Archiduc d'Autriche, & le tres-renommé Marquis de Bade, pour le Mar- quisat de Rothelin & autres heritages, pendant en la tres- illustre & tres-fameuse Cham- bre Imperiale de Spire, & ayant repris ledit procés en la place de son mary, suivant la maxime du Droit, par laquelle les a- ctions commencées sont devo-

lûës au successeur universel.
Comme elle vouloit poursuivre
ce procés par un Procureur
qu'elle avoit estably à cét effet,
la Chambre Imperiale donna
un Jugement interlocutoire, par
lequel elle ordonna que son
Procureur nommé Vomelius
produiroit des Lettres de Tutelle & de Curatelle suffisantes
& peremptoires, portant les re-
nonciations en tel cas requises &
convenables ; ce jugement est
conforme au droit Imperial :
mais comme ce droit n'a pas autorité de loy dans ce Royaume,
puisque ny nous, ny nostre Estat,
ny nos subjets ne sommes aucu-
nement soumis à l'Empire, ny
à ses loix, y en ayant seulement
quelques unes qui y ont esté re-
ceuës dans l'usage par nos ancê-
tres, à cause de l'équité qui y
estoit évidente ; c'est pour cela
que les meres ou les ayeules, qui
ont la Tutelle & la Curatelle de
leurs enfans & petits enfans, ne
sont nullement obligées dans ce
Royaume aux solennitez intro-
duites par le dernier droit contenu dans les authentiques, &
qu'il suffit qu'elles prestent serment qu'elles s'aquiteront avec
diligence & fidelité, comme de
bonnes meres de famille, de la
Tutelle & Curatelle qui leur est
commise, & qu'on les oblige
seulement à faire Inventaire &

dicta Camera interlocuta est Vome-
lium eius procuratorem litteras tu-
telares & curatoriales sufficientes
& peremptorias, cum renonciatio-
nibus in talibus requisitis & conve-
nientibus producere debere. Cui sen-
tentiæ, quoniam ad ius Imperiale
respicit, quod in hoc regno legis authoritatem non habet, quandoqui-
dem neque nos, neque regnum nostrum, neque subditi nostri Imperio
legibusve eius ullomodo tenemur vel
obligamur, solumque aliquibus uti-
mur quas usu propter rationem quæ
in illis elucet, per maiores nostros re-
ceptas constat, & propterea matres vel aviæ quæ Tutelam, &
Curatelam liberorum aut nepo-
tum suorum recipiunt, apud nos
illis cautionibus quæ iure authenti-
corum novissimo introductæ sunt
haudquaquam obligantur, satisque
habemus si iuramentum præstent,
recte diligenter ac fideliter ut bonas
matres familias decet, Tutelam &
Curatelam gesturas & administra-
turas, illisque solis inventarij &
reddendarum rationum necessita-
tem, qui mobilia & fructus suorum
maritorum & liberorum aut nepo-
tum ex consuetudine non lucrantur,
imponi, quos & quæ principes &
nobiles nobilesque viduæ feminæ
lucrari solent, aut à nobis impetrare
ad quos ex iure regio minorum an-
nis viginti quinque, cura cum lucro
fructuum defertur multis huius regni
locis præsertim in Normania ubi

Ducatus Longavillæ cum potissi-
ma bonorum ad dictos nostros con-
sanguineos pertinentium situs est,
quorum curam cum omni lucro ad
se devolutam dictus D. Rex frater
& antecessor noster dictæ suæ con-
sanguineæ eorum matri de suâ gra-
tiâ donavit & elargitus est, ut præ-
dictis ejusdem litteris nobis consti-
tit; qua donatione dicta nostra con-
sanguinea absque ullo impedimento
utitur, fruitur, utique & frui æquum
est & volumus, ad nos etiam ex re-
giæ Majestatis authoritate Tuto-
res & Curatores dare etiam sine in-
quisitione proceribus & magnati-
bus præsertim principibus regium
sanguinem attinentibus spectat &
pertinet. Quo jure dictus D. Rex &
frater antecessor noster prædictis suis
consanguineis regiumque sangui-
nem, tam ex patre quam ex matre
attinentibus Tutricem & Curatri-
cem matrem eorum dedit, quæ illius
vice ad quem ea cura & tutela ex
consuetudine Normaniæ devoluta
erat cum lucro omnium fructuum
gereret, procuraret & administra-
ret, suosque fructus faceret quæ ad
fiscum cessante dicta donatione per-
tinuissent. Quæ cum ad statum
personarum pertineant, sintque
in loco originis dictorum pupillorum certa, manifesta, notoria &
indubitato jura; in universo or-
be terrarum valere, paremque
authoritatem quoad Tutelam
& Curatelam obtinere debent.

Nihilominus tamen dicta nostra

rendre compte quand la Coûtume ne leur donne pas les meubles & les fruits des biens de
leur maris, enfans & petits enfans; lesquels fruits & meubles
les Princes & Nobles, & les Veuves de Nobles ont accoustumé
de gagner ou d'obtenir de nous;
quand par le droit Royal la Curatelle des mineurs nous est de-
ferée jusques à vingt-cinq ans,
avec le profit de tous leurs revenus, comme il se pratique en
plusieurs lieux de ce Royaume,
& principalement en Normandie où est scitué le Duché de
Longueville, & la principale
partie des biens appartenans à
nosdits cousins, à raison dequoy
ledit Seigneur Roy nostre frere
& predecesseur a donné & acor-
dé de grace Royale à sadite
cousine leur mere le soin & l'administration desdits biens, avec
le profit des revenus qui luy
estoit devolu, comme on nous
l'a fait voir clairement par lesdites Lettres patentes, de laquelle
donation & concession nostredite cousine joüit sans aucun
empeschement, & nous vou-
lons selon droit & raison qu'elle
en joüisse à l'avenir.

C'est encore un droit qui a-
partient à nostre autorité Royale que celuy de donner, sans information precedente, des Tuteurs & Curateurs aux Grands
Seigneurs de nostre Royaume,

& principalement aux Princes qui font du fang Royal : felon lequel droit ledit Seigneur Roy noftre frere & predeceffeur a donné à fefdits coufins qui font du fang Royal , tant du cofté paternel que maternel , leurdite mere pour Tutrice & Curatrice, pour en la place dudit Seigneur Roy , à qui par la Couftume de Normandie cette Tutelle & Curatelle avec le guain de tous les fruits eftoit dévoluë, la gerer, procurer, & adminiftrer en faifant fiens les fruits qui fans cette donation euffent appartenu au fifc. *Et comme ces droits regardent l'eftat des perfonnes, & que ce font des droits certains, manifeftes, notoires & indubitables dans le lieu de la naiffance defdits pupilles,* ILS DOIVENT ESTRE RECEUS DANS TOUT LE RESTE DU MONDE, ET Y AVOIR LA MESME AUTHORITE' EN CE QUI CONCERNE LA TUTELLE ET LA CURATELLE. Nonobftant toutes ces raifons noftredite coufine voulant s'aquiter en ce point des devoirs d'une mere tres-affectionnée , comme elle s'en eft toûjours aquitée, nous a reprefenté qu'elle defiroit fe foumettre volontairement à toutes les formalitez que le droit a introduit pour les Tutelles, qui font deferées aux meres & grands meres , ce qu'elle nous a

confanguinea pie matris fungi officio , ut femper funfta eft , defiderans, fponte fua juri quod fuper folemnitate tutelarum, quæ matri & aviæ deferuntur ; ftatutum eft , fubmittere fe cupit, humiliter fupplicans fuper eâ fubmiffione noftram illi gratiam impartiri , eamque authoritatem quæ legibus & moribus regni noftri ad nos pertinet , decernere velimus ; ut caufas omnes dictorum fuorum filiorum ubique terrarum, ut jufta & legitima Tutrix & Curatrix, perfequi valeat. Nos itaque quibus prædicta certa & notoria funt quæque talia effe teftamur, & qui dictis noftris confanguineis Henrico , Francifco & Leonorâ d'Orleans , confulere & providere multis de caufis cupimus & defideramus. Poftea quam dicta noftra confanguinea Maria de Borbonio vidua dicti Leonoræ d'Orleans Ducis Longævillæ Comitis Dunenfis & Neocomi, per procuratorem ab eâ fpecialiter conftitutum, coram & apud dilectiffimum & fideliffimum Confiliarium noftrum Franciæ Cancellarium , iuramentum folemniter tactis facro fanctis Evangeliis præftitit, eam tutelam & curatelam diligenter & ex fide adminiftraturam & gefturam, inventariumque bonorum omnium ad dictos pupillos pertinentium facturam quàm primum commodè & intra iuris tempora poterit , rationemque quarum rerum reddere de iure & consuetudine debebit, absque tamen præiudicio iuris, ex consuetudine & privilegio, aut regia donatione sibi competentis, quæsiti & pertinentis, reddituram, nec usuram adversus dictos suos filios Velleiani Senatusconsulti aut aliis privilegiis de iure mulieribus viduis alienas res administrantibus, aut alieni rei se immiscentibus, concessis: quibus omnibus renunciavit non usuramque iureiurando promisit, nec ante ad secundas nuptias convolaturam, quam dictis suis filiis de legitimo Tutore & Curatore providere fecerit, illisque rationem quam debebit rite & ex fide reddiderit, prout utilitas & commoditas dictorum pupillorum desiderabit: Nos ex certa nostra scientia, plenaria potestate & regia authoritate, Tutelam & Curatelam tam personarum quam regimen & bonorum administrationem dictæ nostræ consanguineæ Mariæ de Borbonio, *per dictum Dominum fratrem Regem Carolum antecessorem nostrum, datam, concessam, & decretam, & omnia quæcunque dicta de Borbonio gessit & fecit administravit pro utilitate dictorum pupillorum, ratificamus, approbamus & confirmamus, rataque & firma esse volumus, & per præsentes decernimus. Et ex abundanti ne ultra alicui dubium esse possit, dictam Mariam de Borbonio Tutricem & Curatricem dictorum Hen-*

suplié tres-humblement de luy, permettre, & de luy acorder l'autorité qui nous apartient par les Loix & Coustumes de nostre Royaume, afin que comme Tutrice & Curatrice legitime de ses enfans, elle puisse poursuivre tous leurs droits PAR TOUTE LA TERRE. Toutes ces choses nous estans donc certaines & notoires, comme nous en rendons un témoignage public, voulant & desirant pour beaucoup de raisons procurer le bien & l'avantage de nos cousins, Henry, François & Leonore d'Orleans, aprés que nostredite cousine Marie de Bourbon Veuve dudit Leonor d'Orleans Duc de Longueville, Comte de Dunois & de Neuf-Chastel, à par son Procureur special presté solemnellement serment sur les saints Evangiles, entre les mains de nostre tres-cher & feal Conseiller le Chancelier de France, qu'elle agiroit dans cette Tutelle & Curatelle, avec tout le soin & la fidelité requise; qu'elle feroit faire le plûtost qu'elle pourroit commodément & dans le temps de droit, Inventaire de tous les biens appartenans à sesdits mineurs, & qu'elle rendroit compte de toutes les choses dont elle doit tenir compte par le Droit & la Coustume, sans prejudice neanmoins du droit à elle aquis, & appartenant par la

Couſtume & Privilege ou la donation Royale, qu'elle ne ſe ſer-
viroit point à l'égard de ſeſdits
enfans du Velleïen ou autres
Privileges acordez par le Droit
aux Veuves qui adminiſtrent les
biens des autres, & qui ſe mé-
lent de leurs affaires, à tous leſquels elle a renoncé & promis
par ſerment de ne s'en ſervir jamais ; comme auſſi qu'elle ne
paſſeroit point à un ſecond mariage avant que d'avoir fait
créer un Tuteur & Curateur legitime à ſes enfans, & de leur
avoir rendu compte deuëment
& fidelement, pour leur profit
& utilité. Nous de noſtre certaine ſcience, pleine puiſſance
& autorité Royale, ratifions,
aprouvons & confirmons tant la
Tutelle & Curatelle des perſonnes, que le regime & l'adminiſtration des biens, donnée,
acordée & decernée par ledit
Seigneur Roy Charles noſtre
frere & predeceſſeur à noſtre-
dite couſine Marie de Bourbon,
& tout ce qui a eſté geré, fait
& adminiſtré par elle pour l'a-
vantage de ſeſdits enfans. Voulons & ordonnons par ces preſentes que le tout demeure en
ſa force & vertu : Et d'abon-
dant afin que perſonne n'en
puiſſe douter, nous faiſons,
eſtabliſſons, & inſtituons nôtre-
dite couſine Marie de Bourbon
Tutrice & Curatrice en noſtre

*rici Franciſci & Leonora d'Or-
leans conſanguineorum noſtrorum
vice noſtra facimus, conſtituimus &
decernimus, illique injungimus,
præcipimus & ordinamus eam Tutelam & Curatelam bene diligenter & fideliter pro utilitate dicta-
rum pupillorum gerere & admini-
ſtrare, illorum jura, nomina, &
actiones, cujuſcumque modi
ſint, proſequi, tam in jure quam
extra jus, coram & apud eos ma-
giſtratus, quorum ea de re co-
gnitio erit, tam in hoc regno
quam extra, ubicumque gen-
tium opus erit, mandatum libera,
plenámque facultatem, poteſtatem
& authoritatem prædicta omnia
exequendi dictæ Mariæ de Borbonio attribuimus, concedimus & de-
mandamus, cum poteſtate dandorum
actorum, & procuratorum conſti-
tuendorum prout illi res exigen vi-
debitur: clariſſimum autem & æqui-
ſimum judicem dictæ cameræ Im-
perialis, ſpectabileſque ac pruden-
tiſſimos ejus Aſſeſſores rogamus &
obteſtamur, ut jus & juſtitiam ſe-
cundum eorum conſcientiam dictæ
noſtræ conſanguineæ Mariæ de
Borbonio dicto nomine Tutorio &
Curatorio ſuorum liberorum quàm
exactiſſime & juſtiſſime poterunt,
faciant & reddant, facere & reddere velint; quemadmodum nos Ger-
manis omnibus aliiſque ſubditis
Majeſtati Imperiali, facere & reddere deſideramus, faciemuſque &
reddemus, quandocumque opus erit.*

Quæ omnia ut firma rataque sint, præsentibus litteris manu nostrâ subscriptis, sigillùm nostrum apponi fecimus. Datum Parisiis die decimo mensis Decembris, anno salutis millesimo quingentesimo septuagesimo septimo, & Regni nostri quarto. Ainsi signé Henry, & sur le reply, *Per Regem.* De Neufville, avec paraphe.

place desdits Henry, François & Leonore nos cousins, & luy enjoignons, commandons & ordonnons de gerer & administrer cette Tutelle avec diligence & fidelité pour l'utilité desdits pupils, de poursuivre leurs droits, noms & actions de quelque nature qu'elles soient, tant en justice qu'ailleurs, devant tout Magistrat à qui il appartiendra d'en connoistre, tant DEDANS QUE DEHORS CE ROYAUME, & EN QUELQUE PAYS QUE CE SOIT. Nous donnons, attribuons, & acordons à ladite Marie de Bourbon un plein & entier pouvoir & autorité de faire toutes ces choses avec faculté de passer tous actes, & d'establir Procureurs selon qu'il sera besoin. Nous prions de plus, & conjurons le tres-fameux & tres équitable Juge de ladite Chambre Imperiale de Spire, & ses illustres & tres-prudens Assesseurs, de vouloir rendre & faire justice selon leur conscience, à nostredite cousine Marie de Bourbon, en qualité de Tutrice & de Curatrice de ses enfans, avec le plus de promtitude & d'équité qu'il leur sera possible, comme nous desirons la faire & la rendre à tous les Allemans & autres sujets de Sa Majesté Imperiale, & que nous leur ferons & rendrons toutes & quantefois qu'il en sera besoin. Et afin que toutes ces choses ayent force & autorité, nous avons fait sceler de nostre sceau les presentes Lettres souscrites de nostre main. Donné à Paris le 10. de Decembre 1577. le quatriéme de nostre Regne. Ainsi signé Henry; & sur le reply, Par le Roy, de Neufville, avec paraphe.